大台北天地遊

陳敏明 攝影

空中散步・地面導覽

遠流出版公司

目錄

飛天遊地 本書使用說明 4

大地圖

北海岸・淡水・基隆 ……7

基隆・平溪・東北角海岸

…………9

台北市 ……………11

大台北地區 ………13

北部海濱

淡水 ……………15

三芝、石門 ………17

金山 ……………19

野柳 ……………21

基隆 ……………23

九份、金瓜石 ……25

水湳洞 …………27

鼻頭角、龍洞 ……29

澳底 ……………31

福隆 ……………33

大屯火山群

大屯火山群 ………35

台北盆地

關渡平原 ………37

社子島 …………39

天母、石牌 ………41

士林 ……………43

圓山 ……………45

基隆河新生地 ……47

信義計劃區 ………49

仁愛路周邊 ………51

台北城 …………53

大稻埕 …………55

萬華、雙園 ………57

大安森林公園 ……59

公館、古亭 ………61

板橋、雙和 ………63

三重 ……………65

大漢溪中下游 ……67

丘陵山區

木柵、景美 ………69

新店 ……………71

基隆河中游 ………73

內湖、汐止 ………75

雙溪 ……………77

林口台地

觀音山 …………79

八里 ……………81

林口台地 ………83

飛天遊地

本書為《大台北空中散步》旅遊版，讓你可以親臨各個空照圖現場，結合地圖、辨識圖的詳細標示，參考文字導覽、交通資訊的深入解說，體驗遊賞新經驗。

天　全方位的空照圖

●**大開眼界：**高空俯瞰，景象立體、宏觀且細膩，可以全覽河川的蜿蜒、海岸的曲折、山脈的綿延、盆地的性格、建築的樣貌……。

●**延伸視野：**從「點」的體驗，躍身「面」的觀察，了解城市、鄉鎮、漁村等現況，見證大台北地區的變遷與發展。

地　註解詳盡的地圖

●**身歷其境：**突破空照圖純粹欣賞的格局，注入旅遊指南的新功能，可享身歷其境的滿足。

●**引領探險：**從中掌握最正確的運輸管道，進而發現新路徑、新捷徑，甚至新桃源，使旅程猶如探險，步步驚喜。

遊　深入解說的文字導覽、交通資訊、辨識圖

●**豐富旅遊：**地面導覽捕捉地方的過去、現在、未來，深入地方背景、特色，精簡扼要的加以說明，方便閱讀、迅速吸收，豐富旅遊內容。

●**掌握精確：**地圖的平面標示輔以辨識圖的立體呈現，將更易於現場對照，比一般旅遊指南精確、實用。

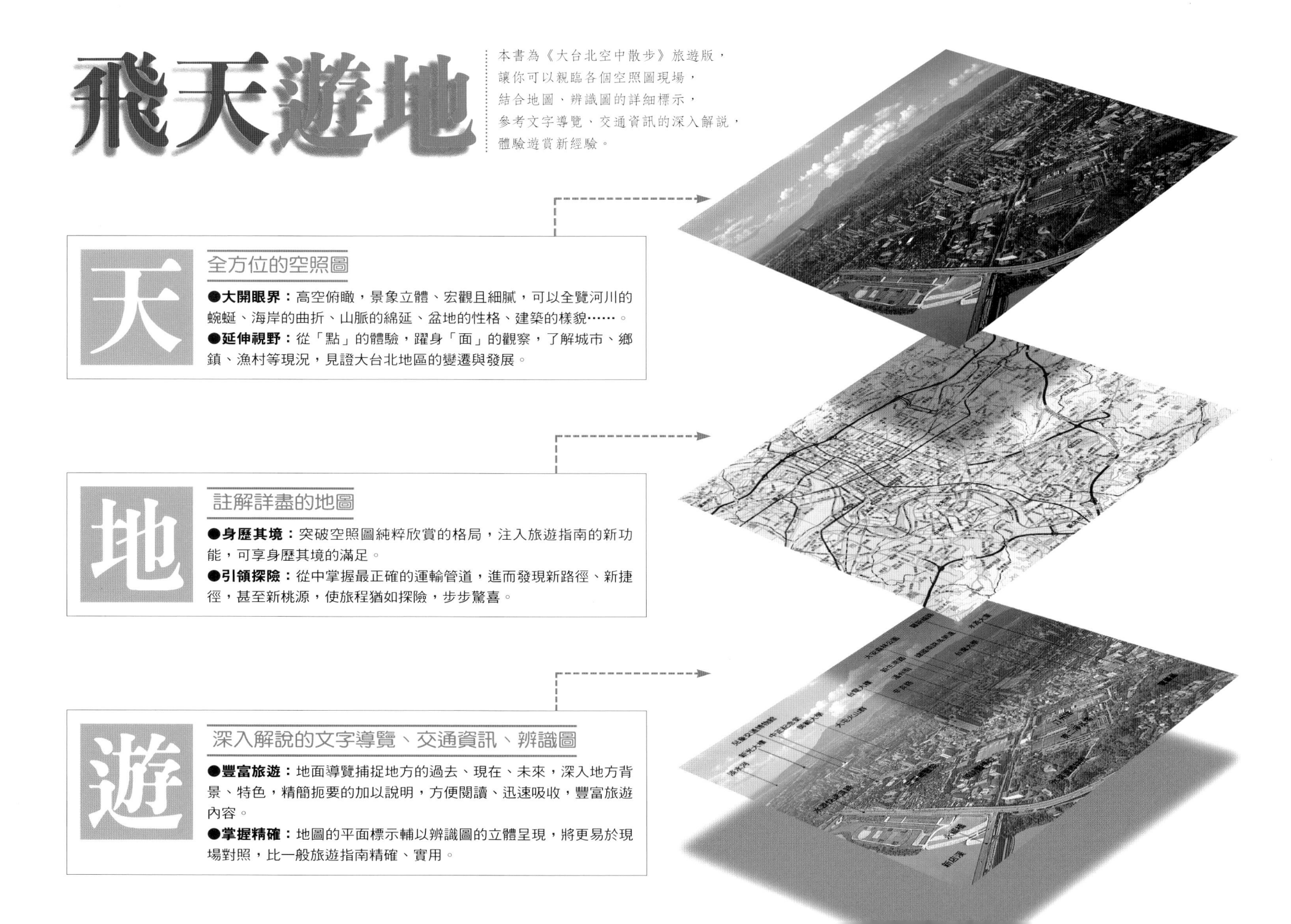

編輯體例說明

◎ 全書35個區域均附空照圖、地圖、辨識圖，以及文字導覽、交通資訊。

◎ 本書空照圖、辨識圖及內文資料均取材自《大台北空中散步》。

◎ 地圖由戶外生活圖書公司提供。

地域名

三芝、石門

空照圖

俯瞰境內的景觀地形、建築設施、道路河川；遠眺毗連的城市鄉鎮、山脈丘陵、橋樑堤防，視野遼闊，脈絡分明。

辨識圖

標誌空照圖區域的主要建築、道路、地標、河川、機關、設施等，對照容易。

1996/08

文字導覽

擷取地方風土民情、人文歷史，重點提示，提供觀察、遊覽、探訪的參考依據。

地面導覽

三芝、石門連結的海岸平原，是由大屯火山群噴發的熔岩和碎屑流淤而成，土質肥沃；更由於緩坡地形，沿山開闢成梯田，顯現出迷人的田園景觀，近海岸處則間或散布著漁港。

本區的海岸曲折綿長，兩個凸出的火山岩岬角分別為「麟山鼻」和「富貴角」，中間夾著「白沙灣海水浴場」。「富貴角」為台灣本島最北端，有燈塔佇立。

在這片平原上，除了稻米之外，還有許多特產，其中三芝的茭白筍、苦茶油，石門的鐵觀音茶，尤其有名。

怎麼去？

◎ 由北海岸前往：台2號省道。
◎ 由台北市前往：【1】台2號省道。【2】101號縣道。
◎ 由淡水前往：101號縣道。

交通資訊

詳列區域國道、省道、縣道、捷運等路線以及方向提示，或接駁、串連建議，選擇多樣化。

拍攝方向

地圖

舉凡主要道路、名勝古蹟、休閒渡假地、文教機關、人文設施……，標示清晰，鉅細靡遺。

拍攝時間

比例尺

頁碼

1:100,000

高程表

0　200　500　1000　2000　3000　4000 公尺

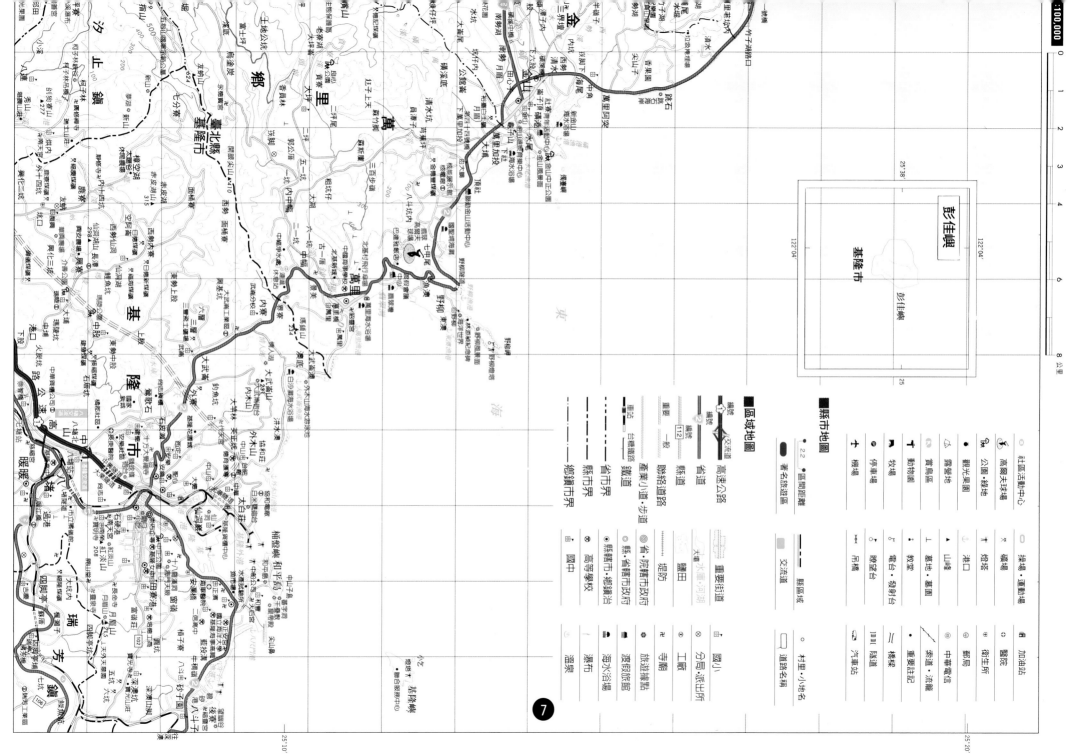

基隆・平溪・東北角海岸

（地圖）

主要地名：

台北縣　基隆市

瑞芳鎮　雙溪鄉　貢寮鄉

平溪鄉　石碇鄉　汐止鎮

暖暖　七堵　五堵

北部濱海公路

比例尺（公尺）：0　200　500　1000　2000　3000　4000

121°50′　25°10′　25°00′

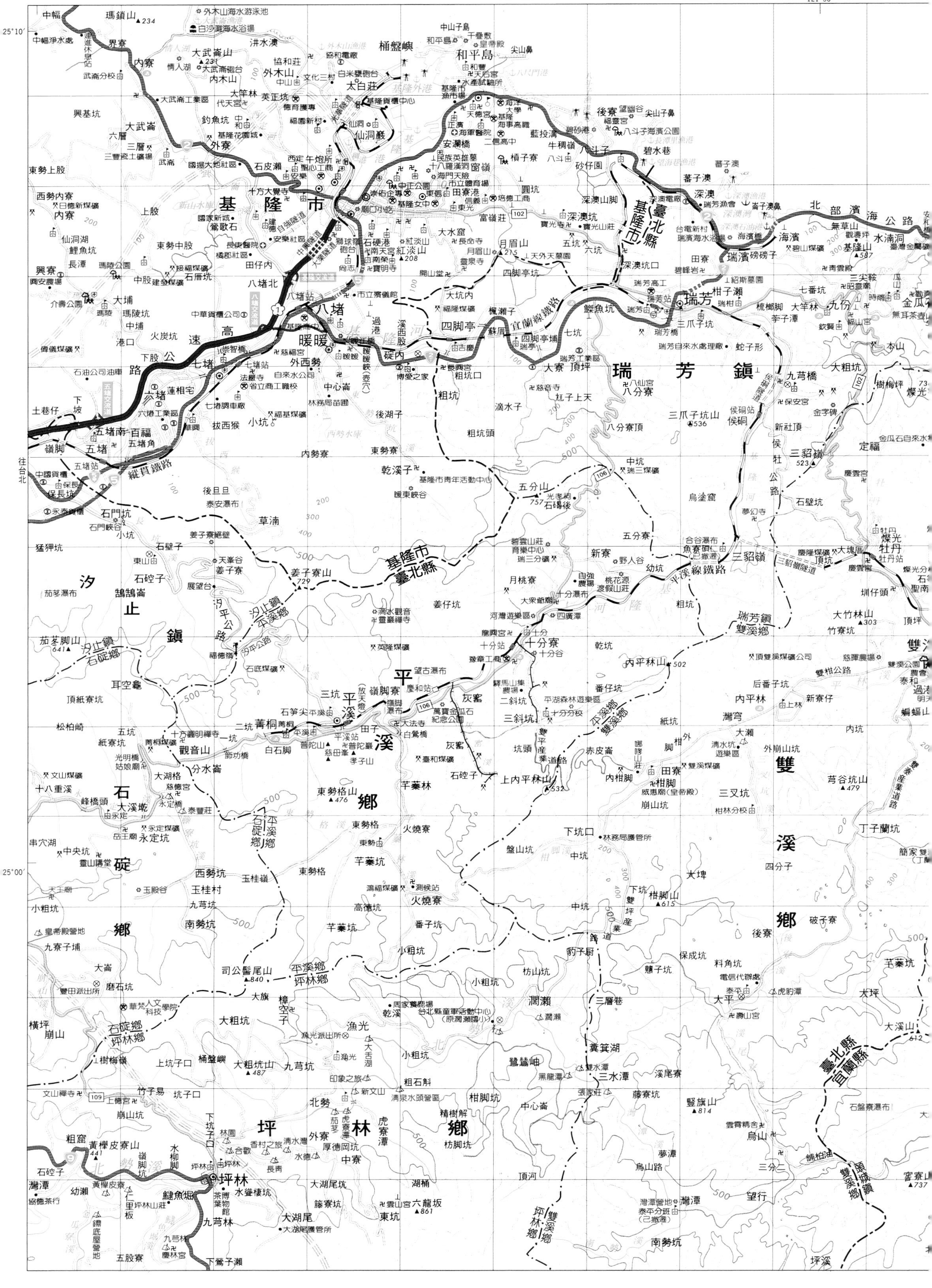

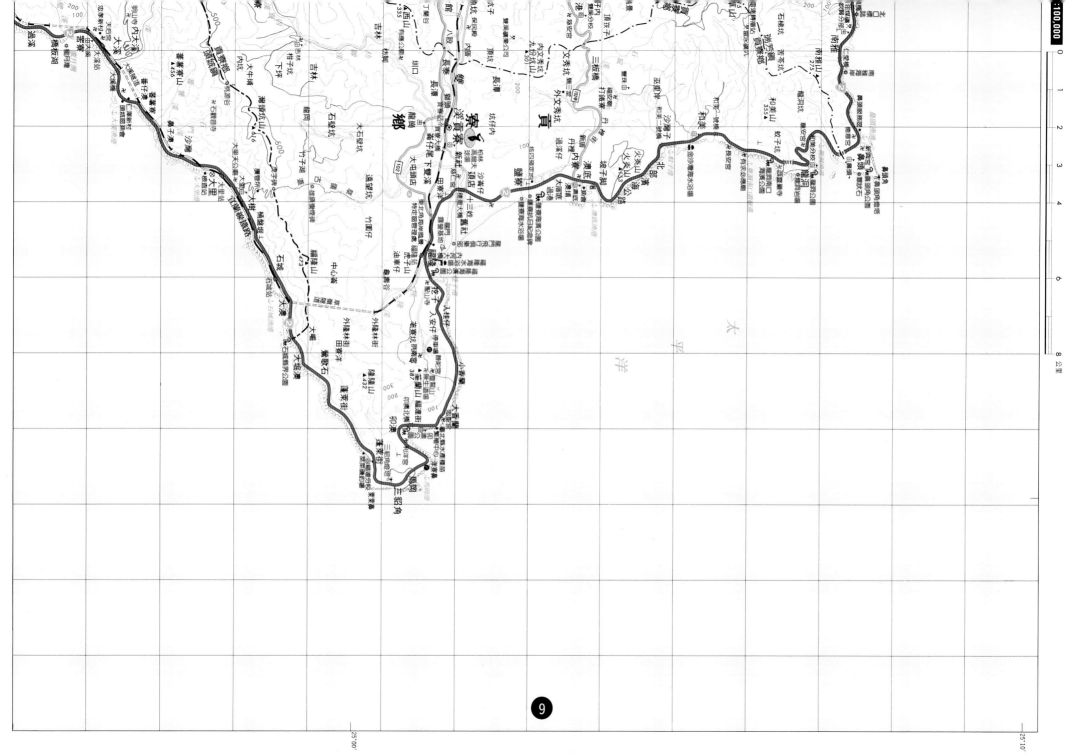

臺北市

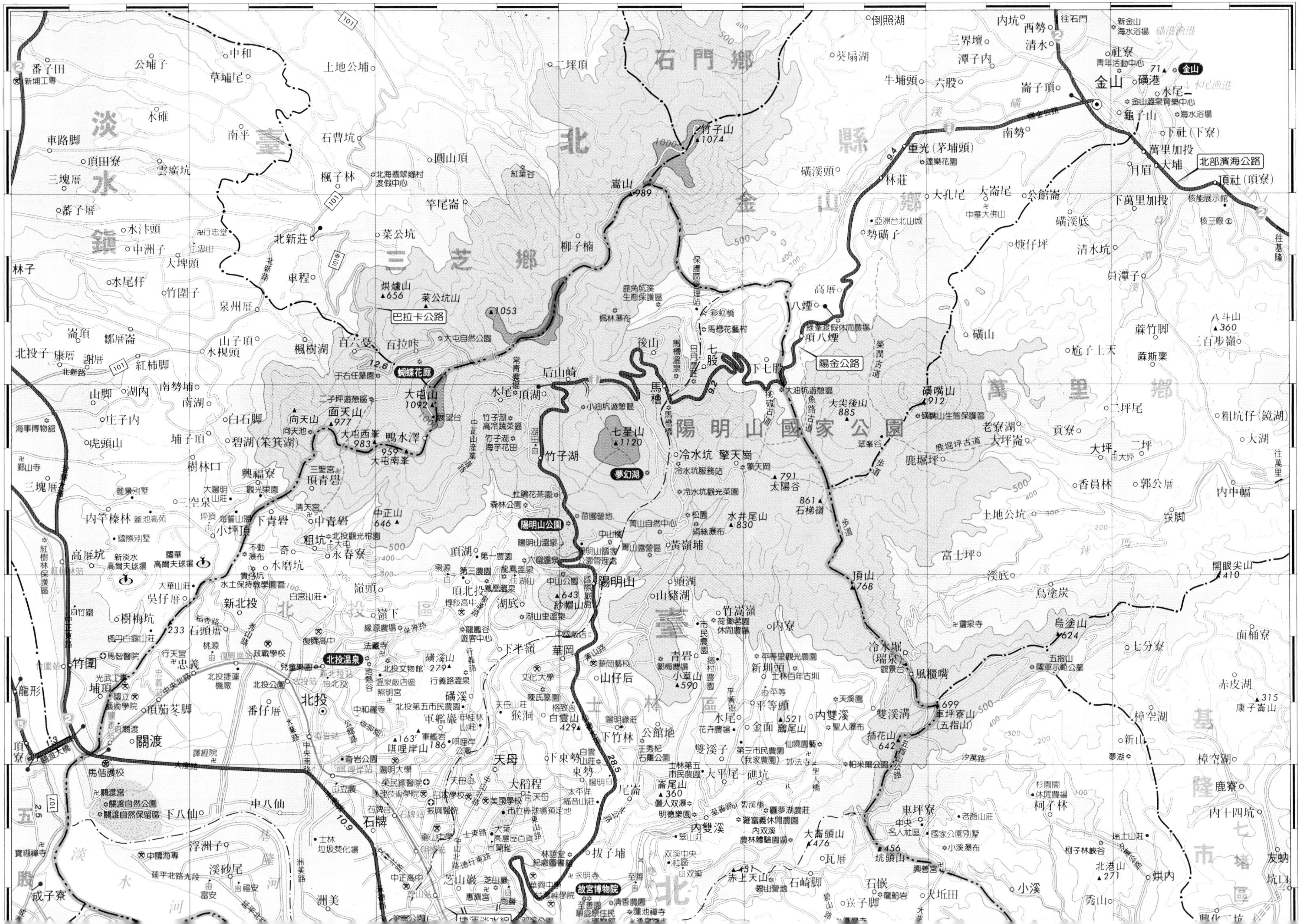
陽明山國家公園
臺北縣
石門鄉
金山鄉
萬里鄉
三芝鄉
淡水鎮
北投區
士林區
基隆市
七堵區
金山
七星山 1120
大屯山 1092
竹子山 1074
磺嘴山 912
面天山 977
紗帽山 643
陽明山
北投
天母
石牌
關渡
竹圍
夢幻湖
陽明山公園
北投溫泉
故宮博物院
蝴蝶花廊
巴拉卡公路
陽金公路
北部濱海公路
冷水坑
擎天崗
竹子湖
小油坑
馬槽
七股
頂山 768
烏塗山 624
五指山 699
中正山 646
鹿堀坪
大坪
高程表
0
100
300
500
1000
1500
公尺

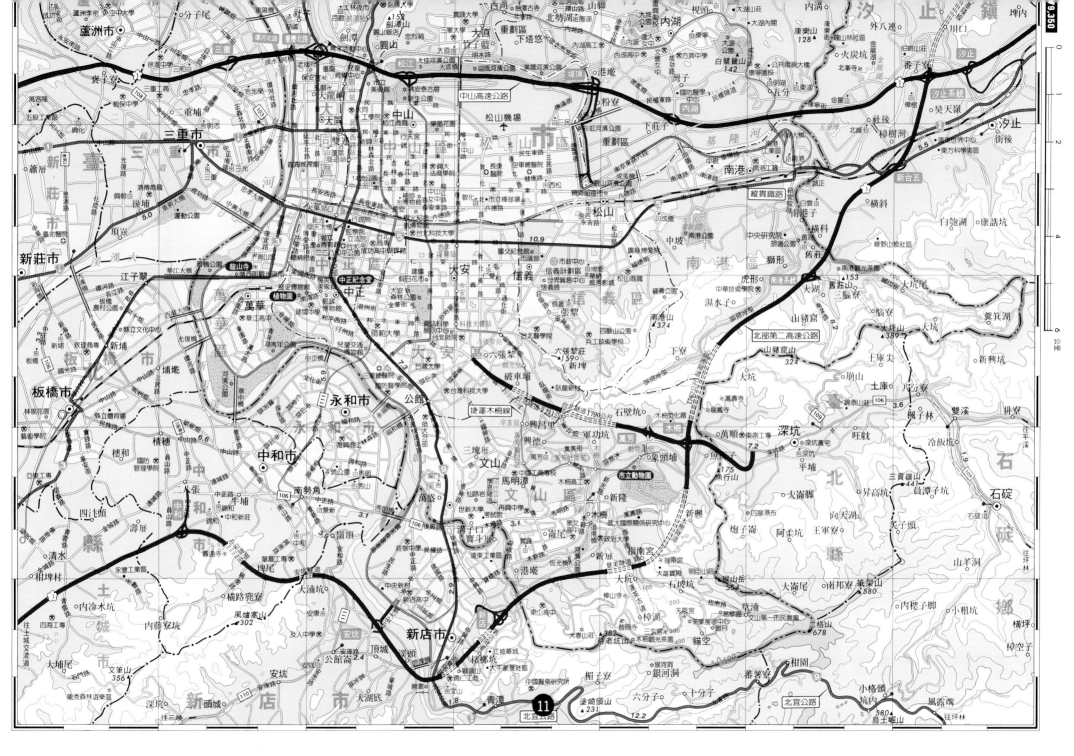

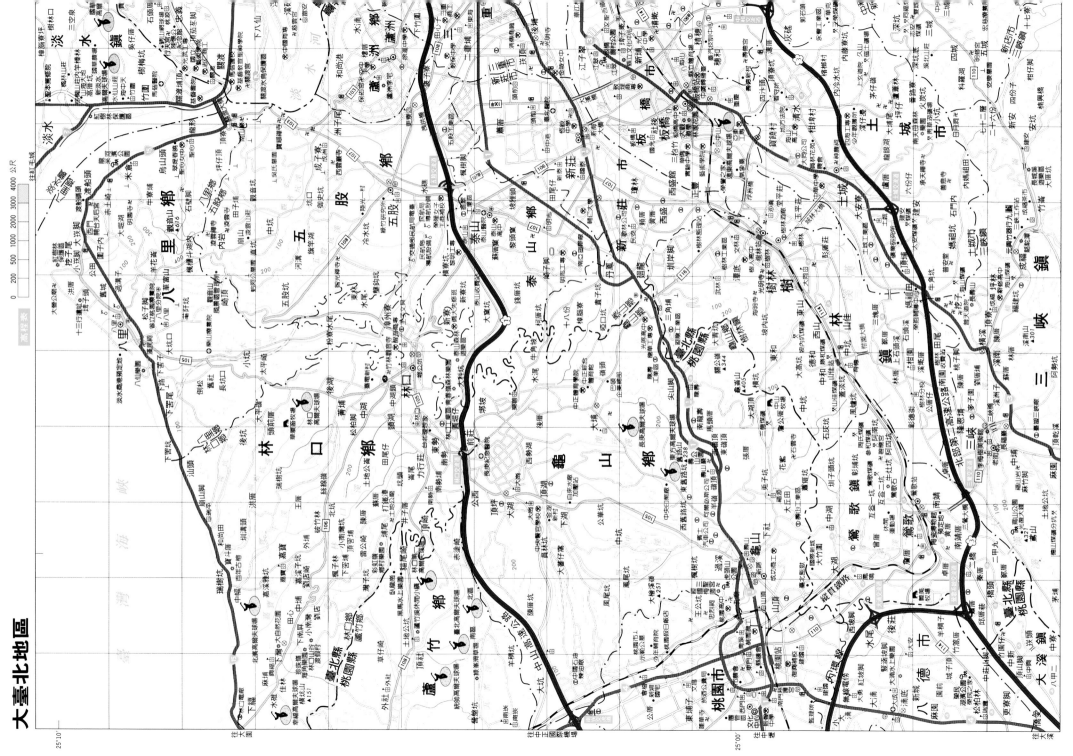

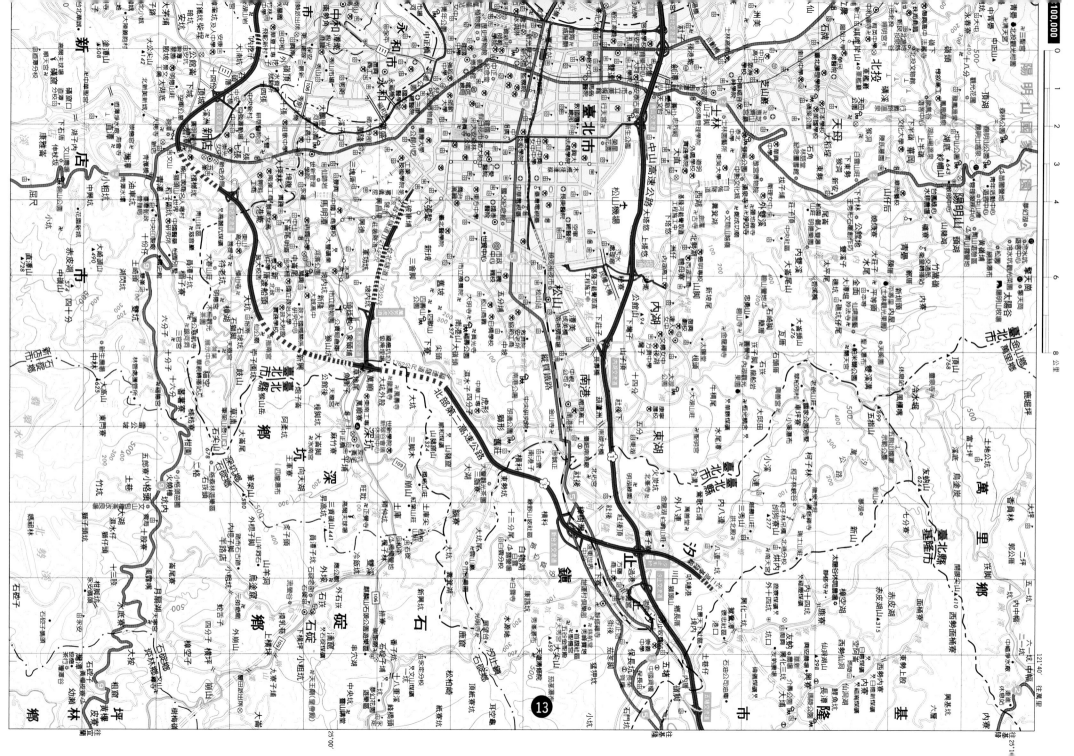

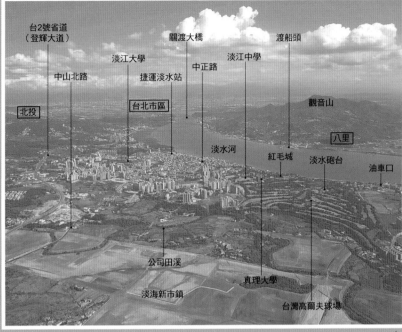

台2號省道
（登輝大道）
關渡大橋
渡船頭
淡江大學
淡江中學
中山北路
中正路
捷運淡水站
北投
台北市區
觀音山
八里
淡水河
紅毛城
淡水砲台
油車口
公司田溪
真理大學
淡海新市鎮
台灣高爾夫球場

1996／07

地面導覽

　　淡水位居淡水河口北岸，背倚大屯火山群，隔著淡水河與觀音山遙遙相望，山下的八里清晰可見。

　　清朝時期，淡水拜淡水河開港通商之賜，成爲北台灣第一大港，西方文明也以此作爲散播的起點，在淡水留下許多異國色彩的建築，如長老教會教堂、偕醫館、領事館等。繁榮的盛況一直到日治時代，因河道泥沙淤積、基隆港崛起而趨沒落。

　　如今，捷運取代了原來的北淡線鐵路，即將容納三十萬人的「淡海新市鎮」逐步開展，新舊之間，淡水已由一個老山城河港，成爲台北市最具人氣的衛星城鎮之一。

怎麼去?

◎由台北市前往：【1】台２號省道。【2】台北捷運淡水線。
◎由八里前往：【1】渡船。【2】過關渡大橋接台２號省道。
◎由北海岸前往：【1】台２乙省道。【2】101 號縣道。

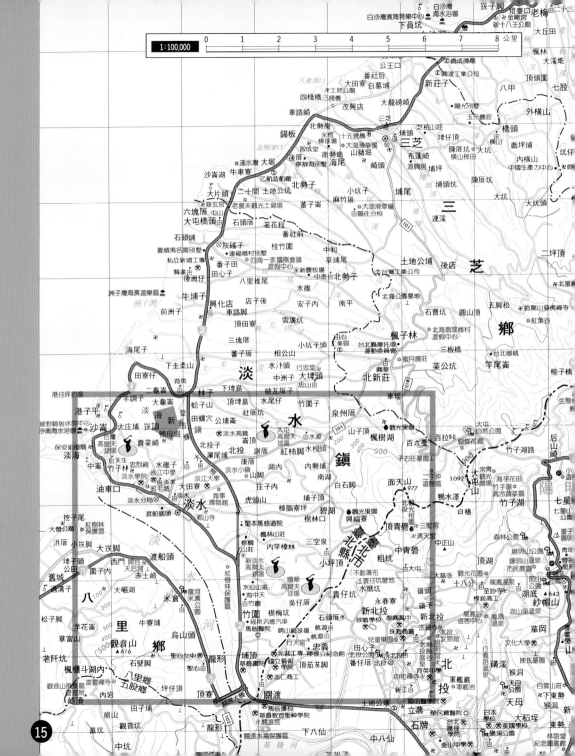

1:100,000

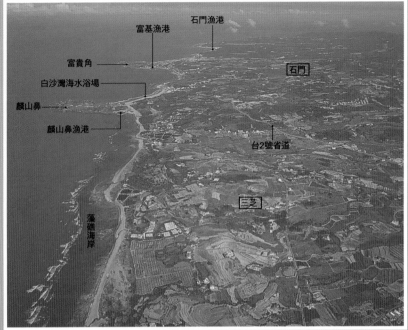

富基漁港　石門漁港

富貴角

白沙灣海水浴場

麟山鼻

麟山鼻漁港

石門

台2號省道

三芝

藻礁海岸

1996／08

地面導覽

　　三芝、石門連結的海岸平原，是由大屯火山群噴發的熔岩和碎屑流洩而成，土質肥沃；更由於緩坡地形，沿山開闢成梯田，顯現出迷人的田園景觀，近海岸處則間或散布著漁塭。

　　本區的海岸曲折綿長，兩個凸出的火山岩岬角分別為「麟山鼻」和「富貴角」，中間夾著「白沙灣海水浴場」。「富貴角」為台灣本島最北端，有燈塔佇立。

　　在這片平原上，除了稻米之外，還有許多特產，其中三芝的茭白筍、苦茶油，石門的鐵觀音茶，尤其有名。

怎麼去？

◎由北海岸前往：台２號省道。
◎由台北市前往：【１】台２號省道。【２】101號縣道。
◎由淡水前往：101號縣道。

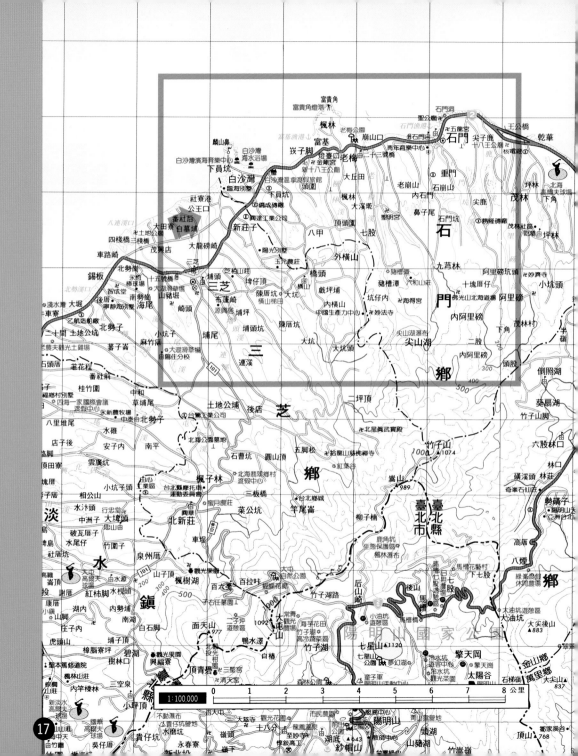

1:100,000　0　1　2　3　4　5　6　7　8公里

陽明山國家公園

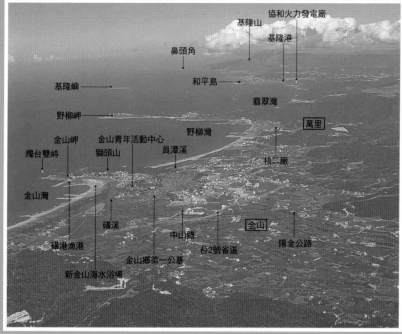

協和火力發電廠
基隆山
基隆港
鼻頭角
和平島
基隆嶼
翡翠灣
野柳岬
萬里
金山岬
金山青年活動中心
獅頭山
野柳灣
燭台雙嶼
員潭溪
核二廠
金山灣
礦溪
中山路
金山
礦港漁港
金山鄉第一公墓
台2號省道
陽金公路
新金山海水浴場

1996／07

地面導覽

　　金山介於基隆、淡水之間，海岸線分別連接著石門、伸向野柳，位於其中的「金山岬」延展入海，兩側各有礦港和水尾兩個漁港。

　　金山岬後方的金山平原，是由大屯火山的土壤沖積而成，質地肥沃、腹地寬廣。本地早在明鄭時期就已開發，水田密佈，是為魚米之鄉，因此有「金包里」的稱呼，意指「豐收」。目前「金包里街」可供回顧金山早年的發展，同時也可觀賞到台灣傳統的店屋建築。此外，沿岸的海水浴場、救國團活動中心以及溫泉，也提供了來此休閒的另一項選擇。

怎麼去？

◎由台北市前往：台2甲省道（陽金公路）。
◎由北海岸前往：台2號省道（北部濱海公路）。

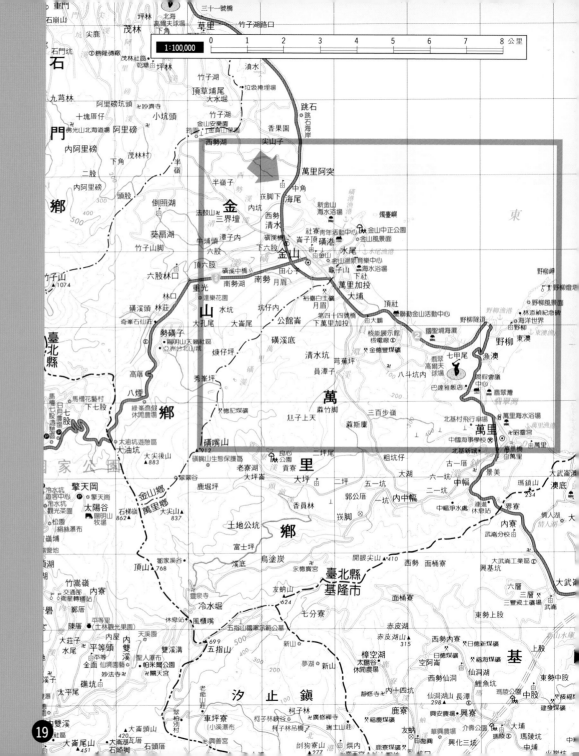

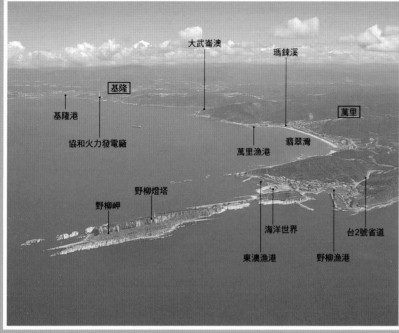

大武崙澳　瑪鍊溪

基隆

萬里

基隆港

協和火力發電廠　萬里漁港　翡翠灣

野柳燈塔

野柳岬　海洋世界　台2號省道

東澳漁港　野柳漁港

1996／08

地面導覽

　野柳岬纖細且狹長，筆直的伸向海面，岬的一邊爲陡峭的懸崖，另一邊則是呈斜坡狀。岬角臨海的海蝕平台上，遍佈著各式各樣歷經海水、陽光、強風以及地殼變動形成的奇岩怪石，宛如一座「石雕展覽館」，著名的女王頭、仙女鞋、燭台石等，便是其中代表。

　野柳岬原爲軍事禁地，開放以後，隨北海岸觀光業興起，便始終是最具人氣的景點之一。兼具觀光與漁業功能的東澳、野柳漁港，提供觀賞各種海洋生物的大型「海洋世界」，再結合遊憩規劃完整的翡翠灣，在在顯示野柳已從典型的漁村，躍身爲風景區了。

怎麼去？

◎由石門、金山岸前往：台2號省道（北部濱海公路）。
◎由基隆前往：台2號省道（北部濱海公路）。

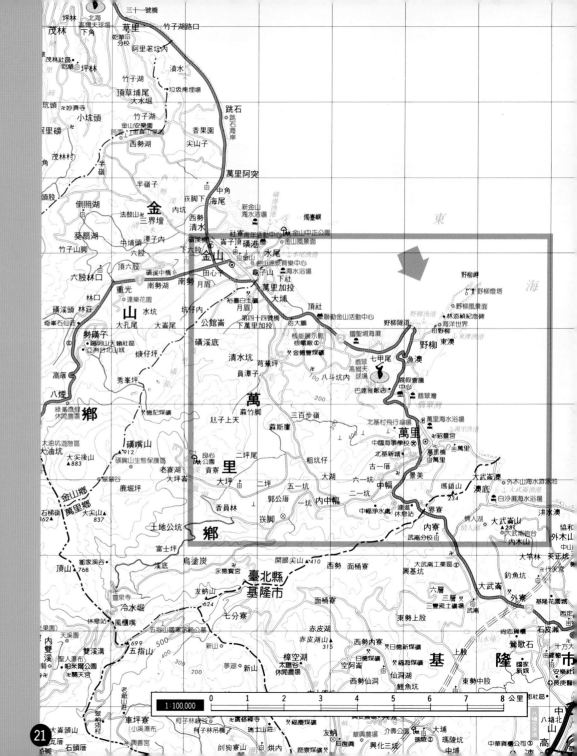

第二貨櫃儲運場
客貨運碼頭
第一貨櫃儲運場
軍用碼頭
基港大樓
正濱漁港
海洋大學
基隆山
田寮港
八尺門區
鼻頭角
基港大樓
八斗子
廟口夜市
和平島
基隆港
中船基隆總廠
光華塔
船舶機械修造廠
雜貨碼頭
白米甕砲台
外木山
牛稠港
瀉港大樓
協和火力發電廠
水泥碼頭
外木山漁港
安中產業道路

1996／08

地面導覽

　　基隆位於北部海岸線中點，一面臨海，沿海處處可見島嶼、灣澳；三面環山，山林多，不論就戰略或航運都是重要的據點。

　　基隆港水域中，內、外港爲港口的主體；從外港的防波堤、各種碼頭、貨櫃堆積場等，一直到內港的運輸交通，基隆港的設施都顯現出身爲一個國際商港的完備，不愧爲北台灣第一大港。

　　基隆市區的建築環繞著海港向山坡地擴散，內港端點的市街爲主要商業區，街道各以忠孝仁愛命名，成棋盤式分布。基隆同時也是中山高速公路的起點，對國內外貨品的轉運，十分便利。

怎麼去？

◎由台北市前往：【1】中山高速公路。【2】台5號省道。【3】縱貫鐵路。
◎由北海岸前往：台2號省道（北部濱海公路）。

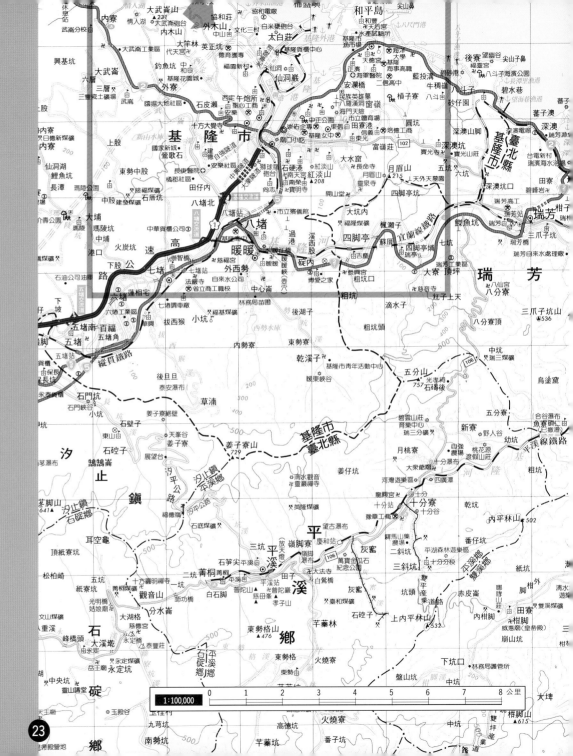

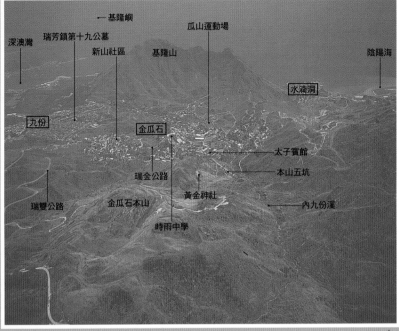

深澳灣　瑞芳鎮第十九公墓　基隆嶼　瓜山運動場　陰陽海
　　新山社區　基隆山　　　　　　　　　　　　水湳洞
九份　　　　金瓜石
　　　　　　　　　　　　　　　　　　太子賓館
　　　瑞金公路　　　　　　　　　本山五坑
瑞雙公路　金瓜石本山　黃金神社
　　　　　　時雨中學　　　　　內九份溪

1998／08

地面導覽

　　九份、金瓜石高居北海岸基隆火山群中。彷彿兩座山城界線的基隆山，因狀似「鷄籠」而得名，如今則形同本區的地標。

　　兩地的建築皆依著山勢而砌，視野非常開闊。從九份可以遠眺海面上的基隆嶼，以及深澳漁港；金瓜石的山腳底下，則可看見水湳洞和陰陽海。

　　基隆火山群富含金、銅等礦藏，隨著開採的熱潮，發展出九份、金瓜石這兩個繁榮的據點，日後也隨著礦脈衰竭，趨向沒落，直到近年來觀光業崛起，才又一次重拾生意。

怎麼去？

◎由台北市前往：【1】縱貫鐵路至瑞芳，接102縣道。
【2】中山高速公路下八堵交流道，接台2丁省道至瑞芳，再沿102號縣道。
◎由北海岸前往：北部濱海公路於水湳洞循金水公路上山。

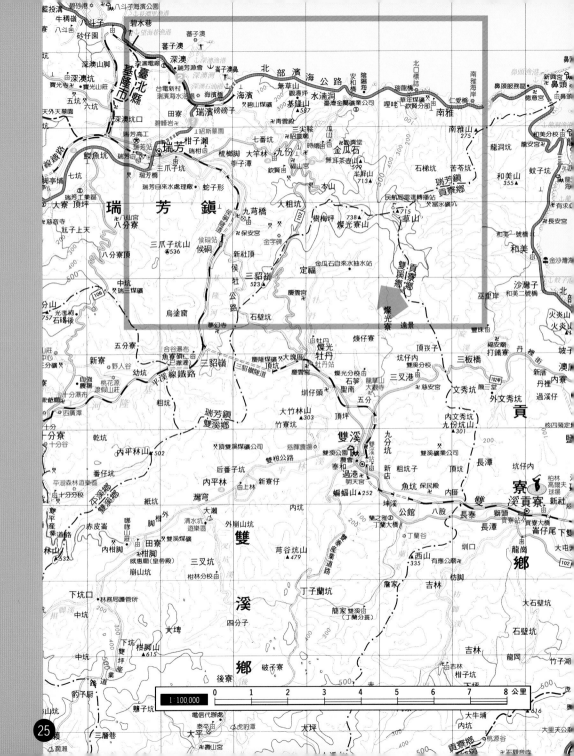

水豐湖

草山　半屏山　燦光寮山　無耳茶壺山　金瓜石本山　金水公路

草山　九份

金瓜石

基隆山

長仁社區

瑞芳鎮第二十一公墓

水滴洞

台金選礦廠　九份溪

陰陽海

台2號省道

1992/06

地面導覽

　水滴洞位於金瓜石前方的海岸上，舊日「台灣金屬礦業公司」的選礦廠廠房形同廢墟，依然佇立一旁。公路底下這片有如泥漿噴射的黃色水面，便是人稱奇景的「陰陽海」，實爲採礦造成生態污染的結果。

　水滴洞依傍的基隆山連結著金瓜石本山、草山、半屏山組成基隆火山群，山凹裡的兩個聚落，分別是金瓜石和九份，和水滴洞同爲採礦而興起。北部濱海公路沿著水滴洞前方的海岸鋪展開來，分別通往基隆和鼻頭角，沿途盡是熱門的觀光景點。

怎麼去？

◎由北海岸前往：台2號省道（北部濱海公路）。
◎由台北市前往：台2號省道（北部濱海公路）。
◎由金瓜石前往：金水公路。

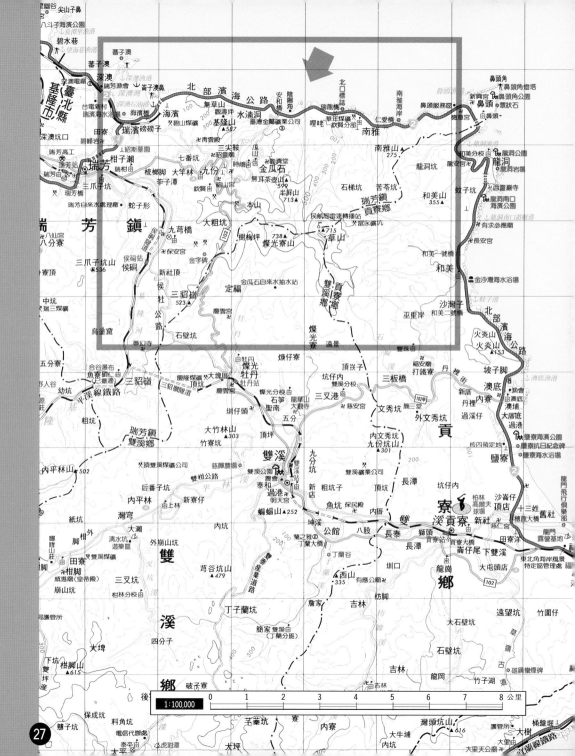

曾顯章、攝影

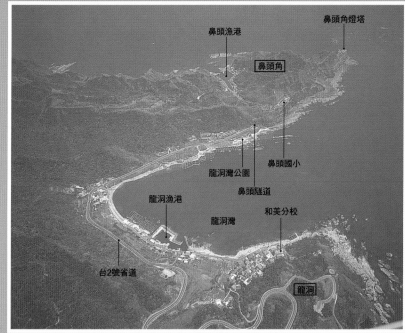

鼻頭角燈塔
鼻頭漁港
[鼻頭角]
鼻頭國小
龍洞灣公園
鼻頭隧道
龍洞漁港
和美分校
龍洞灣
台2號省道
[龍洞]

1998／07

地面導覽

　　鼻頭岬角如鼻頭伸向海面因而得名，隔海與龍洞岬相望，兩處之間夾著弧度優美的灣澳，是為龍洞灣，號稱「潛水天堂」。兩個岬角上的龍洞和鼻頭角，原都是傳統漁村，居民大多以捕魚維生，主要集中在漁港附近。

　　自濱海公路通車後，由於天然美景招徠遊客絡繹不絕，使得鼻頭角、龍洞繼而發展地方觀光事業。鼻頭角岬角的海蝕地形和燈塔，龍洞灣澄淨的海水以及豐富的海底生物，加上提供各項展示及戲水服務的設備陸續興建，吸引越來越多的人潮，也讓鼻頭角、龍洞逐漸改變了原有的容貌。

怎麼去？

◎由台北市前往：台2號省道（北部濱海公路）。
◎由宜蘭前往：台2號省道（北部濱海公路）。

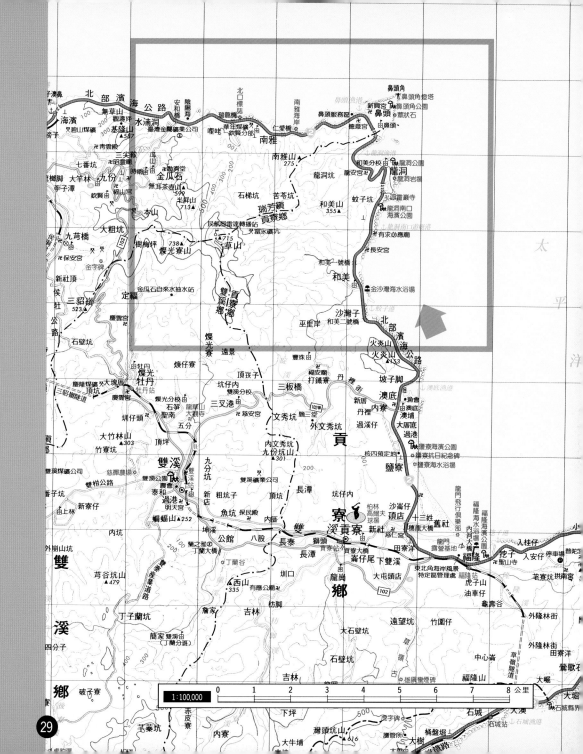

1:100,000　0　1　2　3　4　5　6　7　8 公里

鹽寮海灘　鹽寮海濱公園　核四電廠預定地　澳底國小
　　　　　　　　　　石碇溪　　仁和宮
　　　　　　　　　　　吳沙墓　　慶安廟
鹽寮
澳底
修造船廠
東外防波堤　　澳底漁港　加油碼頭
　　　　　　　　　　　台2號省道

1998／08

地面導覽

　　澳底是一設施完備的漁港，擁有修造船廠、海防檢查哨、魚市場、漁會、製冰廠、加油碼頭、休息碼頭等。海岸一側的「鹽寮海灘」綿延幾公里，當初日軍便是由此登陸，開始對台的統治；而就在這片美麗的沙灘後方，則是核四電廠的預定地。

　　漁港是北濱一項重要的地方特色，澳底堪稱其中典範，背山面海，整個漁村大多圍繞著漁港發展，越是近海的地方越是熱鬧；它一度也是僅次於基隆的重要漁港，如今因位居北部濱海公路中途，成為東北角最大的海鮮重鎮。

怎麼去？

◎由北海岸前往：台2號省道（北部濱海公路）。
◎由基隆前往：102號縣道至雙溪轉102甲縣道。

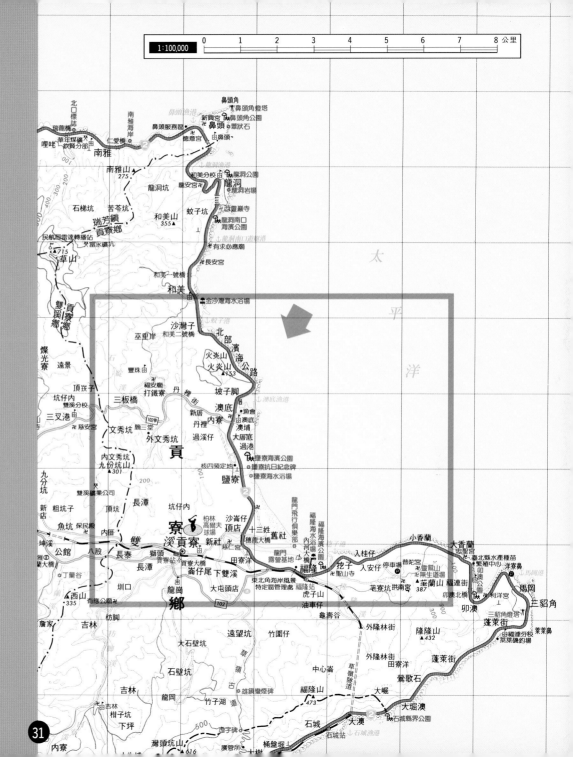

龍門公園
新社大橋
福隆車站
田寮洋
新社
舊社
鹽寮
核四電廠預定地
龍門橋
雙溪
福隆海水浴場
鹽寮海濱公園
內河大橋
福隆
挖子港
宜蘭線鐵路
台2號省道
福隆國小

1998／08

地面導覽

　　福隆隸屬台北縣貢寮鄉，貢寮鄉境內多爲山地，只有在福隆附近才見平原出現。由福隆一直延伸到鹽寮的砂灘，是東北角最長的砂灘；砂灘後方，海砂堆積而成的「砂丘」，則是東北角最寬、最大的砂丘，非常適合於觀察海岸植物。而東北角流域最大的雙溪出海口也在福隆，附近有福隆海水浴場，是北濱重要的休閒勝地。

　　福隆鄰近的卯澳，爲東北角典型的漁村，村中背山面海的石頭厝，完全「就地取材」，漁產加工自給自足，極富地方特色，近來也成爲觀光景點。

怎麼去？

◎由北海岸前往：台2號省道（北部濱海公路）。
◎由八堵前往：宜蘭線鐵路。
◎由宜蘭前往：宜蘭線鐵路。　　◎由基隆前往：102號縣道。

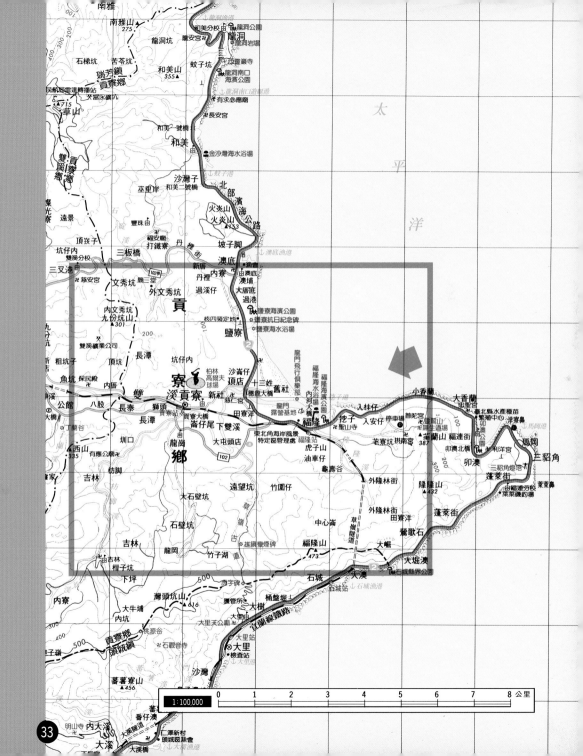

面天山　大屯山　七星山　　　小觀音山
　　　竹子湖　　　　　　　七股山
　　　　　　　　　　　　　　馬槽橋
　　　　　　夢幻湖
　　　　　　　　冷水坑
菁山路　　　　冷水坑遊客服務站　　擎天崗
　　　　　冷水坑溪

1996／08

地面導覽

　　台北盆地東北邊的大屯火山群，屬陽明山國家公園，包含了二十餘座大大小小的火山，最高峰為七星山，其他還有磺嘴山、面天山、大屯山、竹子山、小觀音山等。七星山山坳裡有夢幻湖，是著名的生態保護區，生長著珍貴的水生蕨類「台灣水韭」，山腳下的冷水坑為高山蔬菜產區。繼續沿著公路，則可通往擎天崗的草原、馬槽溫泉……，在這個國家公園巡禮一番。

　　大屯火山群是台灣規模最大的火山區，地表變化豐富，更有各種火山地質可供了解整座火山群的活動，如火山體、火山口、地熱、峽谷、草原等等，精彩動人。

怎麼去？

◎由台北市前往：陽金公路
◎由金山前往：陽金公路
◎由淡水前往：101號縣道

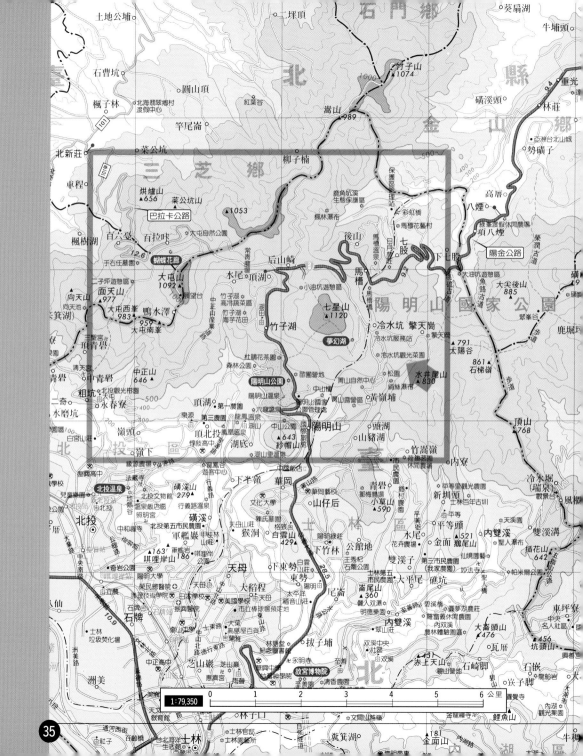

1:79,350　0　1　2　3　4　5　6 公里

35

國立藝術學院　復興崗站　七星山
面天山　大屯山
關渡站　紗帽山
　　　　　　　奇岩站　大同公司
忠義站　北投站
　　　　北投捷運機廠　　北投
　　　　　　　　　關渡
　　　　　大度路　　　下八仙
關渡山
關渡宮　　關渡自然公園
中港溪　　關渡自然保留區
關渡防潮堤防　　基隆河
淡水河　　　　　　社子島

1996／08

地面導覽

　關渡平原爲大屯火山群、基隆河所環繞，對岸有社子島，同是基隆河泥砂沖積而成。

　關渡平原素有台北的「綠色寶庫」之稱，「關渡防潮堤防」沿基隆河守護著關渡平原，堤防外有「關渡自然保留區」，沼澤地上長滿珍貴的紅樹林，名列台灣十二大溼地之一；提防內的「關渡自然公園」，擁有各種包括水稻田、淺塘和草澤地等生態環境，是欣賞水鳥活動的好去處。附近的關渡宮，爲關渡平原的信仰中心，歷史悠久，也是遊客流連的地方。

怎麼去？

◎由台北市前往：【1】台 2 號省道（大度路）。
　　　　　　　　　【2】台北捷運淡水線。

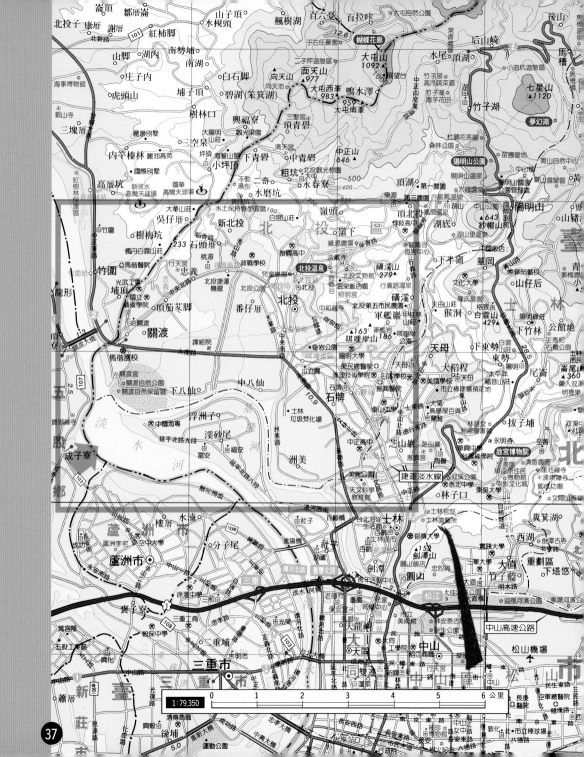

1：79,350　　0　1　2　3　4　5　6 公里

中國文化大學　台北榮民總醫院　五指山山脈

石牌　天母　士林

北投　洲美

大度路

關渡

基隆河

社子島

關渡自然保留區

延平北路　淡水河

中國海專

1992／08

地面導覽

　　社子島狀似葫蘆，又稱「葫蘆島」，是由基隆河、淡水河泥砂沖積而成的砂洲島，但尾端現今已和台北盆地相連，因而呈「半島」形態。對岸的關渡平原同在兩河匯流處，河岸的綠帶爲「自然保留區」的紅樹林。對照著遠方大屯火山群底下，擁擠的天母、石牌、北投一帶，「低度開發」的社子島顯得寬敞許多。

　　社子島由於地勢低窪，又爲河流環繞，經常受水患所苦等原因，被劃爲「限制發展區」，目前境內並無任何重大建設。未來則計劃結合基隆河，形成親水公園，並設置遊樂區，發展成大型的休閒遊憩地區。

怎麼去？

主要道路：
◎延平北路

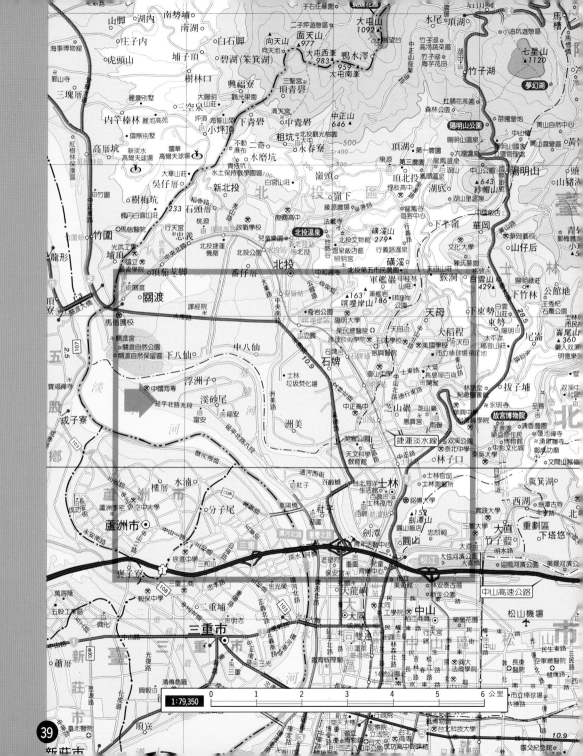

1:79,350　　0　1　2　3　4　5　6 公里

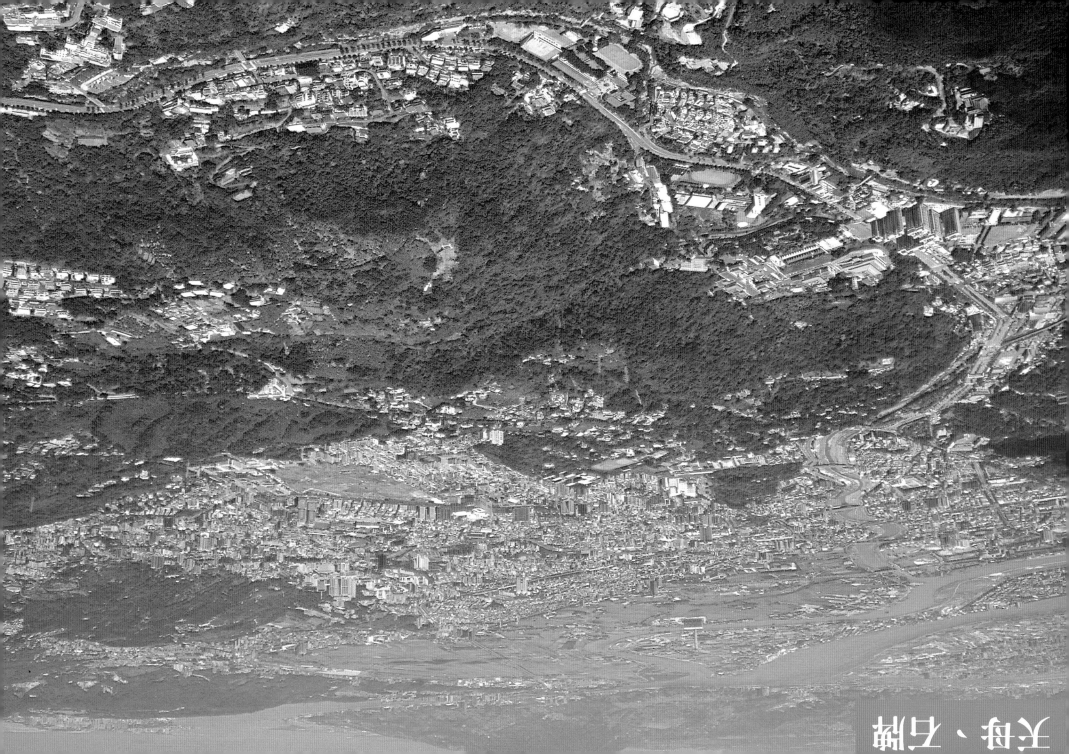

天母、石牌

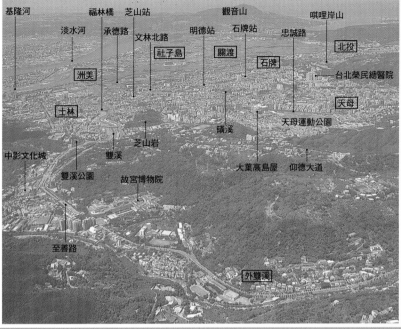

基隆河　福林橋　芝山站　　　觀音山　　　　　唭哩岸山
　淡水河　承德路　文林北路　明德站　石牌站　忠誠路
　　　　　　　　　　　　社子島　關渡　石牌站　　　北投
　　　洲美　　　　　　　　　　　　　　　　　台北榮民總醫院
　　士林　　　　　　　　　　　　　　　　　　　天母
　　　　　　　　　　　　　　　　　天母運動公園
　中影文化城　芝山岩　　　　磺溪
　　　雙溪　　　　　　　大葉高島屋　仰德大道
　雙溪公園　故宮博物院
　　　　至善路
　　　　　　　　　　外雙溪

1996/08

地面導覽

　　天母和石牌一帶，大片層層疊疊的樓房屋宇，遠眺關渡平原的綠地，背後環繞著大屯火山群、五指山。

　　天母和石牌位於台北盆地邊緣，境內有雙溪、磺溪流過，又有陽明山國家公園做爲倚靠，難得的芝山岩「自然史蹟公園」，更擁有罕見的本地生物品種及史蹟。尤其是天母，在種種得天獨厚的條件下，一直是台北市郊的高級住宅區，也吸引了許多外國人士來此聚居，加上外僑學校，滿街的各國料理餐廳、商店，使得區內充滿異國情調。石牌則隨著捷運淡水線的通車，增加了新站與捷運高架下的休閒空間，成爲交通和景觀的中心。

怎麼去？

主要道路：
◎捷運淡水線　◎承德路　◎中山北路　◎忠誠路

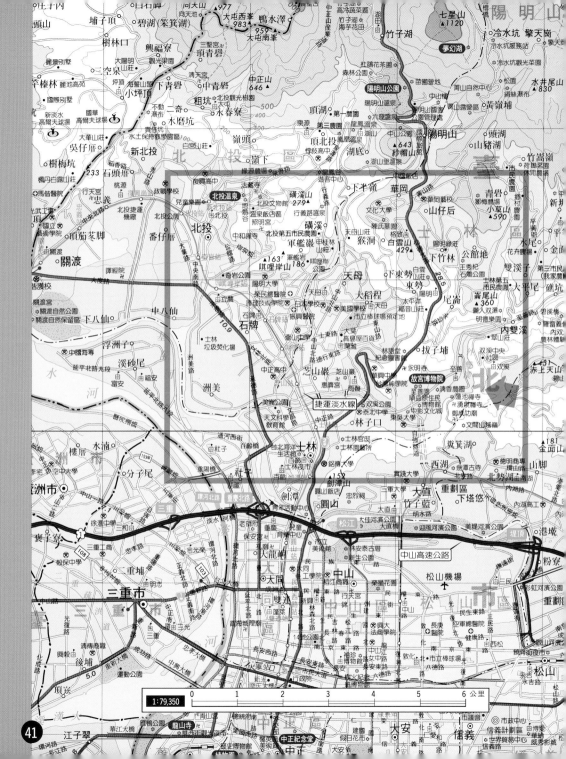

文林橋　雨農橋　士林橋　文昌橋　天文科學教育館
文林路　新光醫院　中山北路　美崙公園　基河路　承德路
北區資源回收廠　湖濱文化園區暨預定地　士林區行政中心
士林站　士林商路　銘傳大學　基隆河　劍潭山

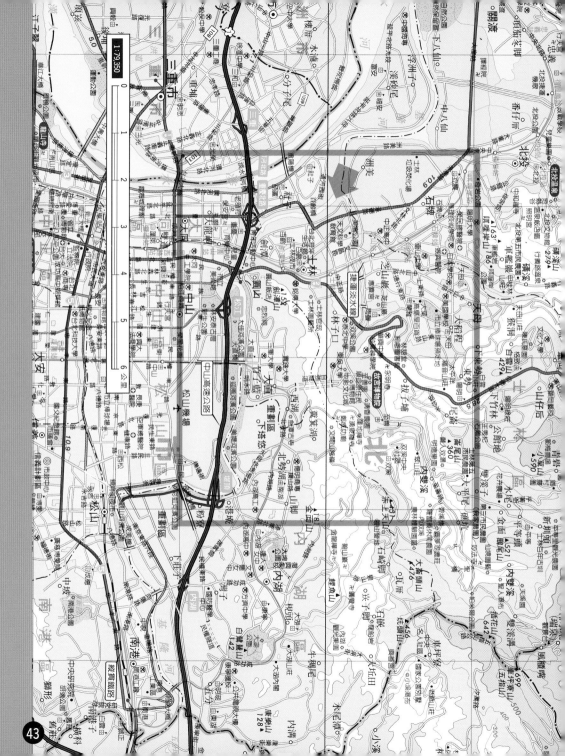

地面導覽

以基河路和天文科學教育館為界，往上至劍潭山下，則是基隆河「截彎取直」後，填平彎河道所成的「新生地」。

為士林早期發展的「老士林」一帶；往下到基隆河岸，這一片新生地目前設有區行政中心、學校、公園等公共設施，同時更規劃有「台北新文化中心」，其中天文科學教育館已啟用，頂計陸續完成的還會有國家電影視聽館、媒體文化園區等。除了著名的士林夜市，凝河道新生地將是基士林為一個令人稱往的休閒中心。

怎麼去？

主要道路：
◎捷運淡水線　◎中山北路　◎文林路
◎承德路　◎基河路

大屯火山群　中山高速公路　劍潭山　堤頂快速道路　劍潭青年活動中心　圓山飯店　五指山山脈　忠烈祠　北安路　中山二橋　中山橋　基隆河　新生高架道　大直橋　大直　圓山天文館　圓山仔　兒童育樂中心　中立美術館　中山北路　臨濟護國禪寺　承德路　捷運淡水線　圓山站

1997／08

地面導覽

　圓山可説是立體交叉道路的集中點，從照片上可清楚的看見，捷運、新生高架道、高速公路圓山橋等縱橫交錯的情形。其中屹立在五指山脈的劍潭山下，便是台北盆地地標之一的圓山飯店。至於圓山地名來源的「圓山仔」，則是現今「兒童育樂中心」的所在。

　日治時代，現今圓山飯店原址上建有台灣最大的神社，爲了便於參拜，並修築連接神社與台北城內的敕使道（今中山北路），由於景色雅緻，沿途更成爲台北市郊的景點。「圓山仔」一帶則有圓山遺址出土，遺址中以貝塚最爲知名，目前連同發現的砥石被列爲古蹟。

怎麼去？

主要道路：
◎捷運淡水線　◎中山北路　◎承德路

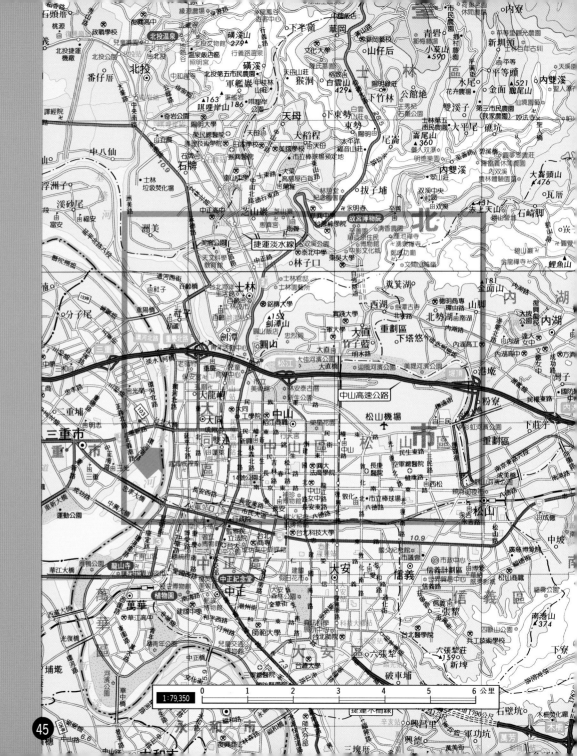

1:79,350

淡水與觀音山

中山高速公路　麥帥二橋　內湖垃圾焚化廠　南京東路五段　松山車站

西松高中　健康路　麥帥公路　成美橋　八德路　基隆路

潭美重畫區　麥帥橋　饒河街

內湖　南港　松山

基　隆　河

1997／11

地面導覽

　　基隆河截彎取直後的河道，在南京東路五段附近，兩岸分布著三個新舊區域，右邊饒河街「老松山」一帶，是台北盆地最早的河港市街之一；下方南京東路五段的一片住宅，為戰後發展起來的老社區；而河左岸寬闊的空地，則是填河而來的新生地重劃區；穿梭其間的有中山高速公路、麥帥公路、基隆路、南京東路等。

　　基隆河岸新生地為台北市區近年來規模最大的填河造地，由於接近市中心、規劃完整，將是台北市未來都市發展的新據點，預計會有輕工業區、住宅區、商業區和娛樂區等。

怎麼去？

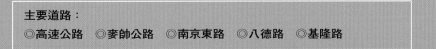

主要道路：
◎高速公路　◎麥帥公路　◎南京東路　◎八德路　◎基隆路

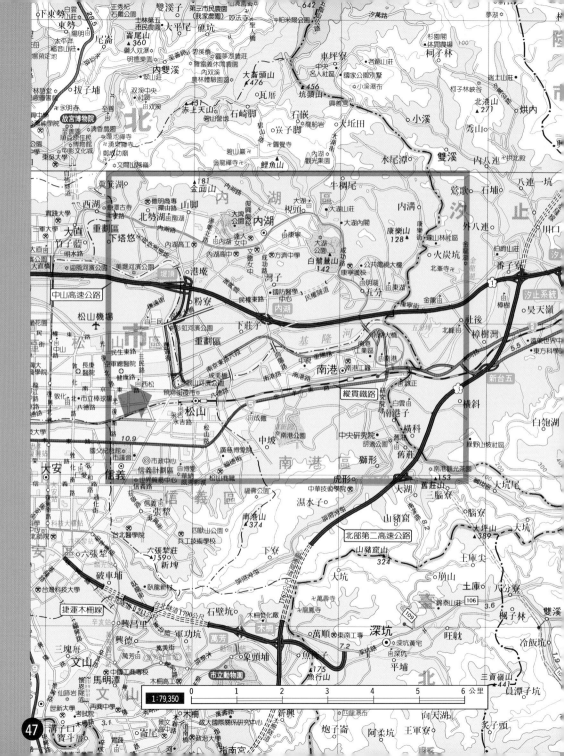

1:79,350

0　1　2　3　4　5　6 公里

忠孝東路　台北市議會　松高路　台北市政府　中國信託　四獸山　凱悅飯店

基隆山　　　　　　　　　信義區行政中心

松壽路

市府路

基隆路

仁愛路四段

國父紀念館

1994／08

地面導覽

　信義計劃區的範圍，大約是忠孝東路五段、基隆路一段、松德路以及莊敬路一帶，是全國最先實施都市設計管制的地區，並配合亞太營運中心的計劃，調整土地利用形態、交通系統等，以期成為「行政金融副都心」，協助台北市躋身國際都市的行列。

　座落信義計劃區的台北市政府，大樓呈雙十字造型，加上前方的市議會，連同數千坪的廣場，氣派十足。不過，附近其他機構的建築也不容小覷，中國信託、凱悅飯店、世貿中心等，一樣壯觀，而未來勢必會有更多國內外重大企業總部進駐，此區做為台北「曼哈頓」的遠景指日可待。

怎麼去？

主要道路：
◎仁愛路　◎松高路　◎忠孝東路　◎松壽路　◎基隆路　◎市府路

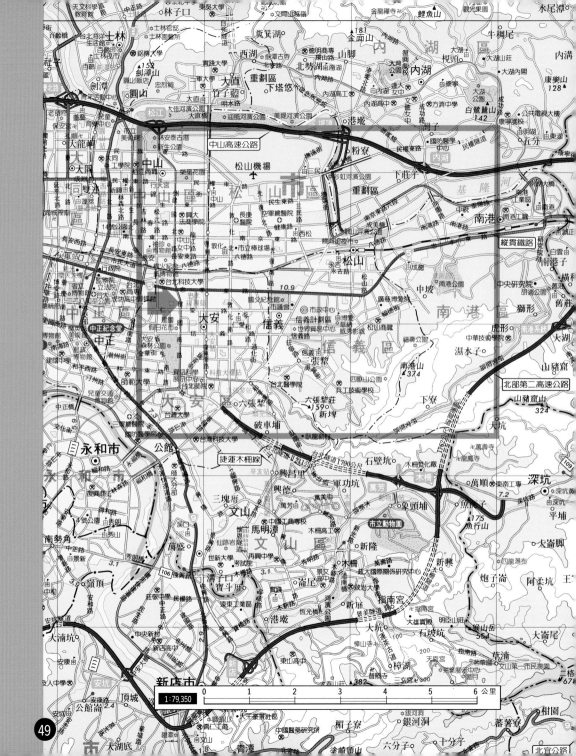

1:79,350　　0　1　2　3　4　5　6 公里

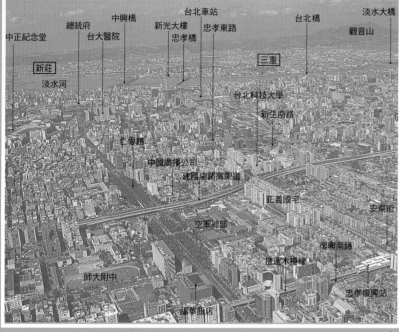

中正紀念堂　總統府　中興橋　台北車站　淡水大橋
　　　　　台大醫院　新光大樓　忠孝東路　台北橋　觀音山
新莊　　　　　　　　忠孝橋
　淡水河
　　　　　　　　　　　　　　　　三重
　　　　　　　　　　　　　　台北科技大學
　　　　　　　　　　　　　新生南路
　　　　　　仁愛路
　　　　中國廣播公司
　　　　　建國南路高架道
　　　　　　　　　　正義國宅
　　　　　　　　　　　　　　　安東街
　　　　　空軍總部
　　　　　　　　　　　　　　復興南路
　　　　　　　　　　捷運木柵線
　　師大附中
　　　　　　　　　　　　　忠孝復興站
　　　　　　福華飯店

1994／08

地面導覽

　仁愛路有台北都會珍貴的綠蔭夾道，氣質優雅；東端直達台北市政府，往西可由東門進入歷史上的「台北城」，一覽總統府、外交部，以及東門旁的台大醫院，但最爲醒目的要算是中正紀念堂寬敞的腹地了。

　由畫面上可以看見，師大附中的校舍、操場、游泳池就藏在仁愛路的巷弄內，走出巷子，面對空軍總部，此間的仁愛路寬達100公尺，設有公園，樟樹成蔭，並有草地、花壇和噴水池，經常有人取景攝影。空軍總部後方整齊劃一的樓房，則爲由眷村改建的正義國宅。

怎麼去？

主要道路：
◎復興南路　◎建國南路　◎新生南路

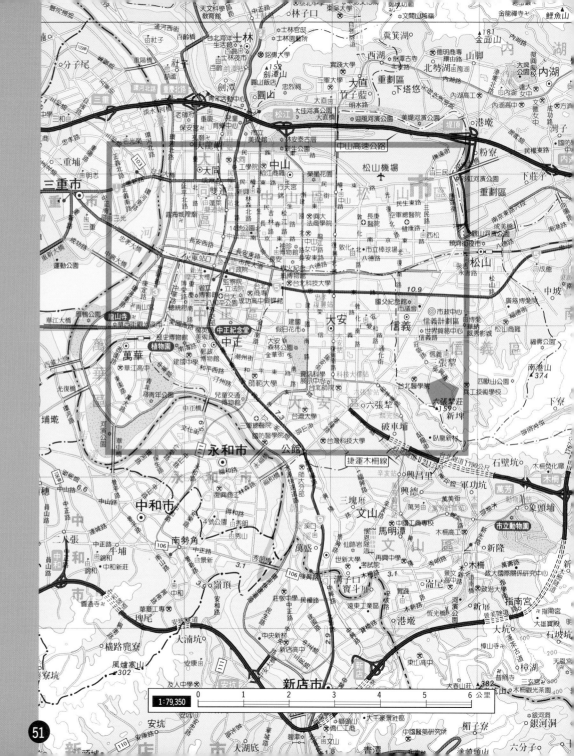

1:79,350　　0　1　2　3　4　5　6公里

二二八和平公園　　總統府　　　新光大樓　　大漢溪　中興橋
　　司法院　　　　　　　　　　華江橋　　中華路　淡水河
北一女中　新店溪　愛國西路　忠孝西路

板橋
萬華　　　　　　新莊

台大醫院

中山南路　　　　　　　　　　　　　　　　　　　　大稻埕

台北車站

市民大道

1997／10

地面導覽

歷史上的「台北城」，即使城牆消失殆盡，仍可看出城的輪廓，正是現今忠孝西路、中山南路、愛國西路、中華路圍起來的範圍；東門接仁愛路，西門外不遠處有淡水河流過，小南門通往萬華，北門出去便是大稻埕；北門外有以火車站爲中心的火車站特定區。

「台北城」至今依然高居政治、經濟、文化的領導地位，總統府等中央行政機構林立，學校、博物館與商業區比鄰，摩天大樓──新光大樓也進駐城內。

怎麼去？

主要道路：
◎愛國西路　◎中華路　◎忠孝西路　◎中山南路

1：79,350
0　1　2　3　4　5　6 公里

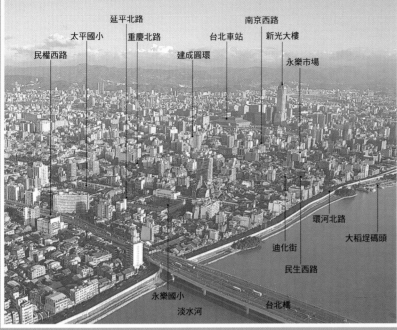

民權西路　太平國小　延平北路　重慶北路　建成圓環　台北車站　南京西路　新光大樓　永樂市場　環河北路　大稻埕碼頭　迪化街　民生西路　永樂國小　淡水河　台北橋

1997／09

地面導覽

　　由台北大橋跨過淡水河，拐進迪化街、延平北路一帶，便是昔日全台最富裕、興盛的地方——大稻埕。

　　大稻埕係清末至日治初期，因淡水河開港、貿易熱絡而崛起的商埠，在台北歷史上舉足輕重。今天淡水河衰退，高築的堤防更把淡水河與大稻埕重重隔絕。堤防外的「11號水門」附近，便是當時舟船輻輳的碼頭區；而近河的迪化街，昔日拜淡水河的貨運之賜，則成為大稻埕最活躍的商圈，至今仍留有許多值得觀賞的街屋形貌。

怎麼去？

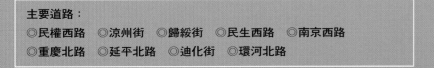

主要道路：
◎民權西路　◎涼州街　◎歸綏街　◎民生西路　◎南京西路
◎重慶北路　◎延平北路　◎迪化街　◎環河北路

1:79,350　　0　1　2　3　4　5　6 公里

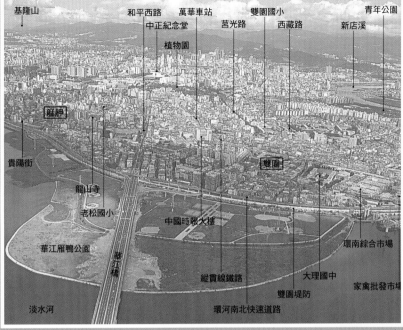

基隆山　和平西路　萬華車站　雙園國小　青年公園
中正紀念堂　莒光路　西藏路　新店溪
植物園
艋舺
雙園
貴陽街
龍山寺
老松國小
中國時報大樓
華江雁鴨公園
華江橋
淡水河
縱貫線鐵路
環南綜合市場
大理國中
雙園堤防
家禽批發市場
環河南北快速道路

1996／07

地面導覽

　　萬華位於新店溪、大漢溪匯流入淡水河處，著名的「艋舺」就在畫面
上左側，舊日飄洋過海的墾民便是由這一帶起家，締造了繁華的街市，
如今古老的社區則和遠處高聳的新光摩天大樓形成強烈的對比。畫面上
右側，可見「青年公園」被整齊的國宅所包圍，是為雙園地區，同屬於
萬華區。河岸中央，華江橋跨過河面，連結萬華與板橋，橋下有「華江
雁鴨公園」，為水鳥保育區。

　　「一府二鹿三艋舺」的舊諺裡，顯示艋舺一度是全台的重心之一，現
在境內仍留有幾處遺跡，可供遊客緬懷憑弔。而雙園區內，則散布著各
種大型的市場，有肉品批發市場、家禽批發市場、綜合市場等。

怎麼去？

主要道路：
◎環河南路　◎和平西路　◎大理街　◎西藏路　◎莒光路
◎貴陽街　◎華西街

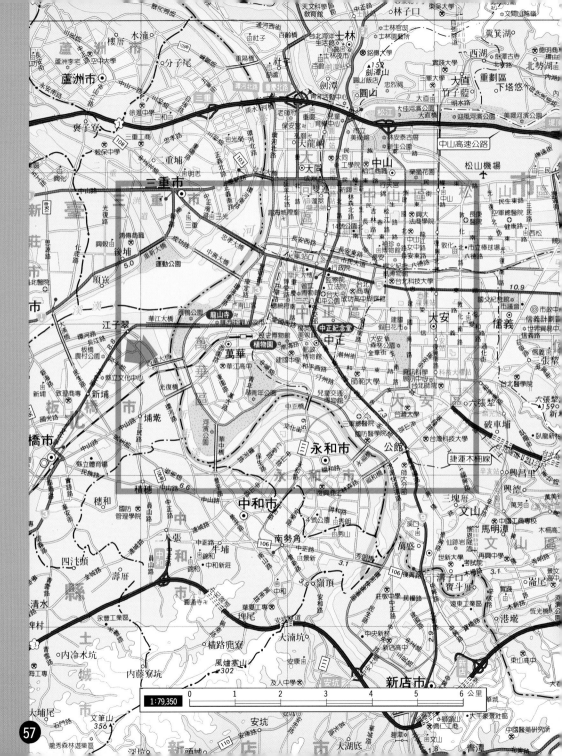

1：79,350　0　1　2　3　4　5　6公里

大台北鳥瞰圖

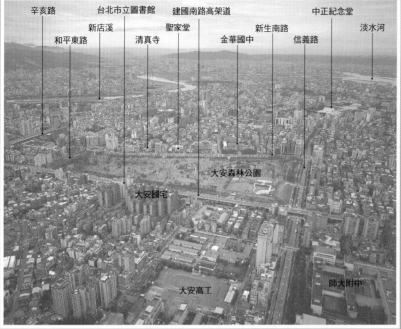

辛亥路　　台北市立圖書館　　建國南路高架道　　　　中正紀念堂
　　　新店溪　　　　　聖家堂　　　　　　新生南路　　淡水河
和平東路　　　清真寺　　　　　金華國中　信義路

大安國宅

大安森林公園

大安高工　　　　　　師大附中

1999／05

地面導覽

　　大安森林公園這一片綠，在台北市稠密的空間裡，就像稀世珍寶一般，令人眼睛為之一亮。周邊兩條平行的道路，建國南路高架以及新生南路，往南直達古亭、公館一帶，北上朝劍潭方向而去。四周綿延的屋宇，則有新生南路上的老社區、建國南路附近的國宅，以及近年來發展起來的信義區建築群。

　　大安森林公園內植樹無數，並有水池、山丘、露天音樂台和步道，提供台北市民散步、聚會的好去處，結合建國南路高架下的假日花市、玉市，和新生南路的教會、校園，更添休閒遊憩的氣氛。

怎麼去？

主要道路：
◎建國南路　　◎新生南路　　◎信義路　　◎和平東路

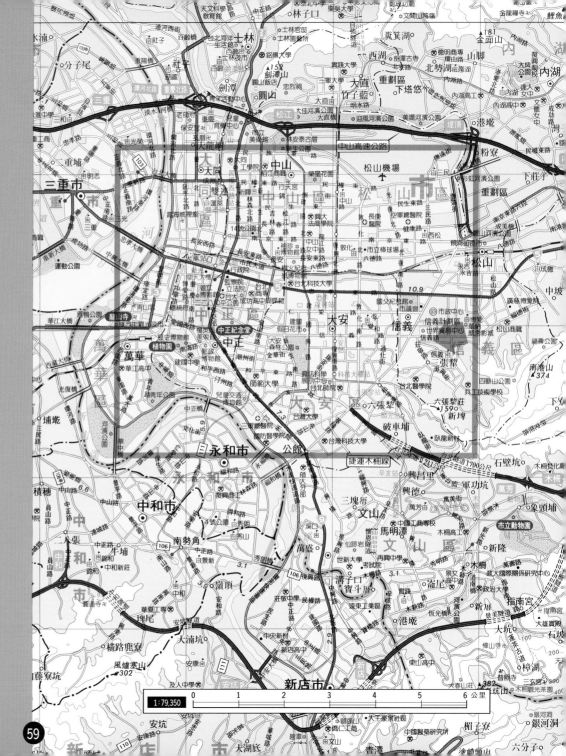

1：79,350　　0　1　2　3　4　5　6 公里

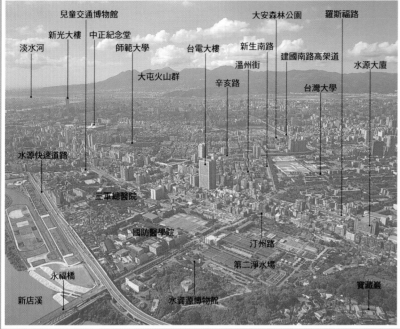

淡水河　新光大樓　中正紀念堂　兒童交通博物館　大安森林公園　羅斯福路
　　　　　　師範大學　　　　台電大樓　新生南路　建國南路高架道
　　　　大屯火山群　　辛亥路　溫州街　　台灣大學　水源大廈
水源快速道路
三軍總醫院
國防醫學院
永福橋　　水資源博物館　汀州路　第二淨水場　寶藏巖
新店溪

1997／10

地面導覽

　　公館、古亭位於台北市南區，由於四周圍繞著許多學校，相關產業、設施十分發達，因而有台北市「南區文教重鎮」的稱呼。

　　由新店溪方向看這個區域，形同地標的台電大樓正聳立畫面中央，右邊的校園為台灣大學一景，右下角「水源地」的淨水場是台灣第一個現代化自來水工程，機房目前保留做「水資源博物館」。畫面左邊的師範大學附近，早期多為日式建築的老社區，一向是文人墨客聚居的地方，特別是溫州街一帶，如今即使改建成公寓樓房，仍不失書香氣息。

怎麼去?

主要道路：
◎羅斯福路　◎辛亥路　◎新生南路　◎汀州路

1:79,350

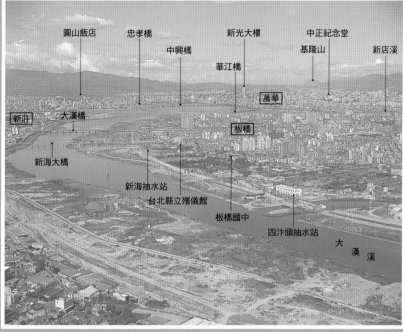

圓山飯店　忠孝橋　新光大樓　中正紀念堂
　　　　　中興橋　　　　基隆山　新店溪
　　　　　　　華江橋
　　　　　　　　　萬華
新莊　　　　　　　板橋
大漢橋
新海大橋
　　　新海抽水站
　　　台北縣立殯儀館
　　　　板橋國中
　　　四汴頭抽水站
　　　　　　大
　　　　漢　溪

1997／08

地面導覽

　眼前這片平地正位於大漢溪、淡水河、新店溪的匯流處，平地上是板橋以及中和、永和，三地都是台北的衛星市鎮。

　板橋與中和、永和的住民多為來自台灣各地的外地人，大都在台北市工作。板橋以新海大橋、大漢橋、華江橋等橋樑，連絡外地城市，本身是個以住宅商業為主，兼有一些工業的城鎮，更是台北縣政府的所在地，也是台北市衛星城中規模最大的一個。永和「秀朗國小」學生數一度冠蓋全世界，境內人口的激增可見一斑，而由於鄰近台北的古亭城中區，過去住民多為公教人員，因此是所有台北衛星城中，較具文教氣質的一個。

怎麼去?

主要道路:
◎華江橋　◎大漢橋　◎新海大橋

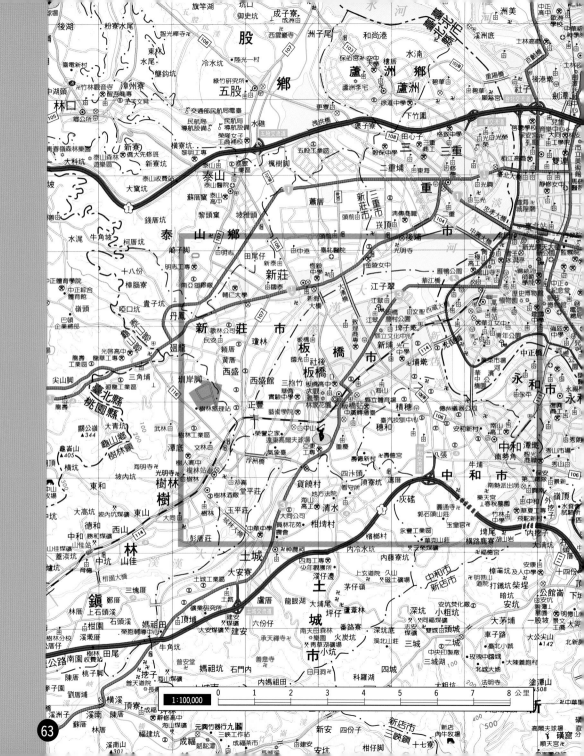

1：100,000　0　1　2　3　4　5　6　7　8公里

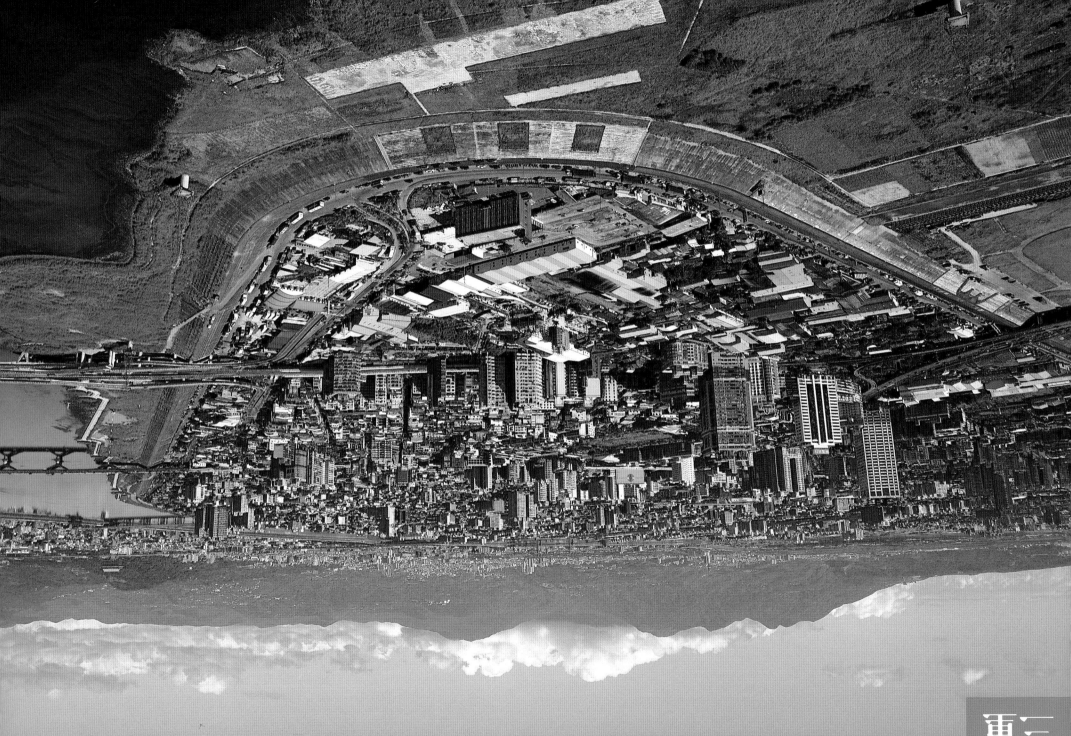

重三

重新路　中山高速公路　七星山　　中正南路　圓山飯店
重新橋　大屯火山群　重陽橋　淡水大橋　台北橋
　　　　　　　　　　　　　　　　　　　　　　　　忠孝橋
　　　　　　　　　　三重
　　　　　　　　　　　　　　　　　　　　　　　中興橋
二重疏洪道
　　　　　　　　　　　　　　　　　　　　　　淡水河
　　　　　環河南路　　成功路
　　　　　三重國中
　　　　　　三重憲兵分隊
　　　　玫瑰收費停車場

1996／07

地面導覽

　畫面上的城市爲三重，下方形同護堤的二重疏洪道，廣及蘆洲、新莊、五股等地，供作新店溪、大漢溪洩洪之用，以紓解三重長期以來的水患。不過，三重市卻也因疏洪道一分爲二，必須藉著重新橋等互通。此外，由照片裡也可看出三重分別以中興橋、忠孝橋、台北大橋及重陽橋，和對岸的台北盆地構築著親密的網絡。

　三重目前已從過去重要的蔬菜供應區，發展成台北的工業衛星城，境內四處充斥著工廠與住宅交混的景象，舉凡印刷、小五金、機械製造、電鍍等小型工廠應有盡有。

怎麼去？

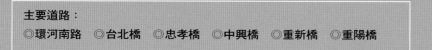

主要道路：
◎環河南路　◎台北橋　◎忠孝橋　◎中興橋　◎重新橋　◎重陽橋

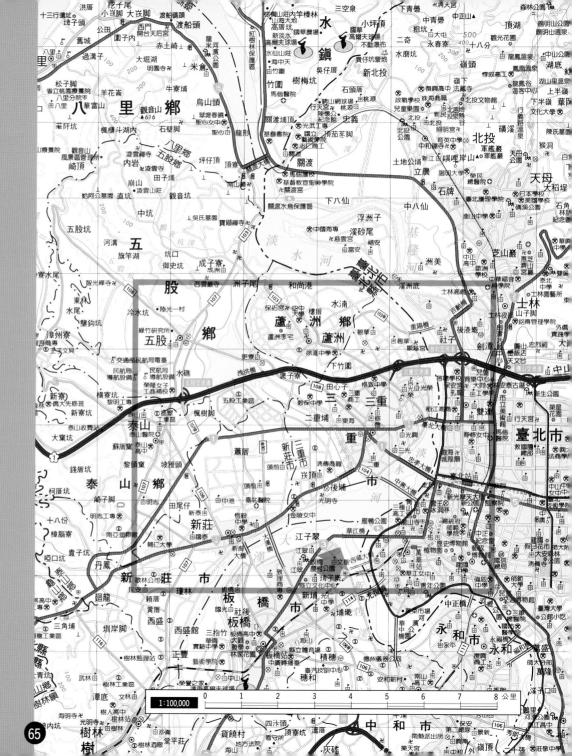

大漢溪中上游

林口台地　南亞塑膠廠　柑園橋　大漢溪　城林大橋
　　　　　觀音山　　　　　　大屯火山群
　　　　　　　　　　　新莊　　土城工業區
　　　　　　　　　樹林　　　　　　　　　板橋
　樹林
　　　三峽溪　　　　　　　　　　土城
　　　　　　　　　　　　　　　頂埔國小
　　北二高　　環河道路　中央路

1996／07

地面導覽

　　大漢溪進入台北盆地後，在流經畫面中的幾個市鎮時，速度開始變緩，並且呈網狀流路。它們分別是林口台地下的樹林，與它接壤的新莊，以及對岸的土城，都是近期台北都會擴張的重心。

　　土城是個因著工業區而形成的都市，工業區的各種大小型工廠往往長達幾公里，但目前的開發區域僅沿大漢溪岸，所以尚屬於開發中的工業城，仍可看見農地、林地，甚至垃圾場夾雜其間；樹林地區近年來工廠也如雨後春筍一般竄出，加上新建的住宅社區快速蔓延，呈現大舉開發的狀態。

怎麼去？

主要道路：
◎北二高　◎中央路　◎環河道路

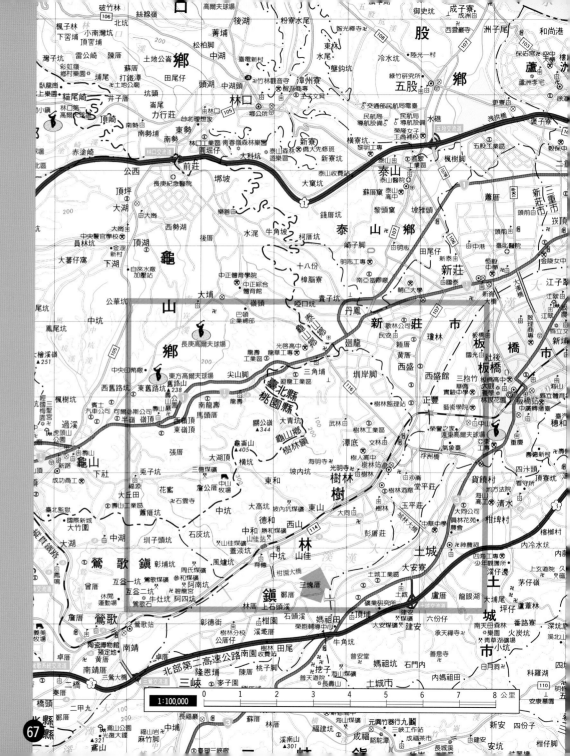

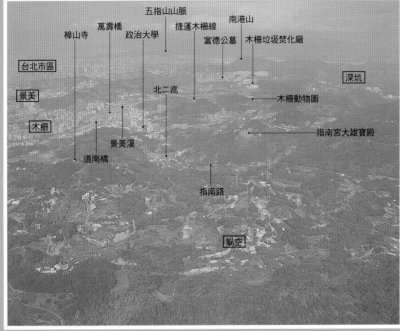

五指山山脈
萬壽橋　政治大學　捷運木柵線　南港山
樟山寺　　　　　　富德公墓　木柵垃圾焚化廠
台北市區
景美
木柵　　　　北二高　　　　　木柵動物園　深坑
　　　　　　　景美溪
　　　道南橋　　　　　　　　指南宮大雄寶殿
　　　　　　　　指南路
　　　　　　　　　　　　貓空

1997／11

地面導覽

　木柵、景美山區是目前深受台北人歡迎的休閒地。

　木柵是丘陵山區，遍布茶園，現今大多已轉型為休閒功能的觀光茶園，特別是「貓空」一帶，規模更居台北近郊之冠。而號稱東南亞最大的「木柵動物園」，在捷運木柵線通車後，成為親子活動必到的渡假勝地。「木柵指南宮」香火鼎盛，廟前1000多級的石階，也在假日吸引眾多朝聖兼健身的遊客。

　景美是景美溪畔的一個聚落，景美溪貫穿其中，後與新店溪匯流。境內仙跡岩等景點和夜市的盛況，隨捷運新店線的通過，遠景勢必可觀。

怎麼去？

木柵◎由台北市前往：捷運木柵線、羅斯福路轉木柵路、興隆路轉木柵路
　　◎由汐止前往：北二高。
景美◎由台北市前往：捷運新店線、羅斯福路、環河快速道路。
　　◎由汐止前往：北二高。　◎由新店前往：北新路轉羅斯福路。

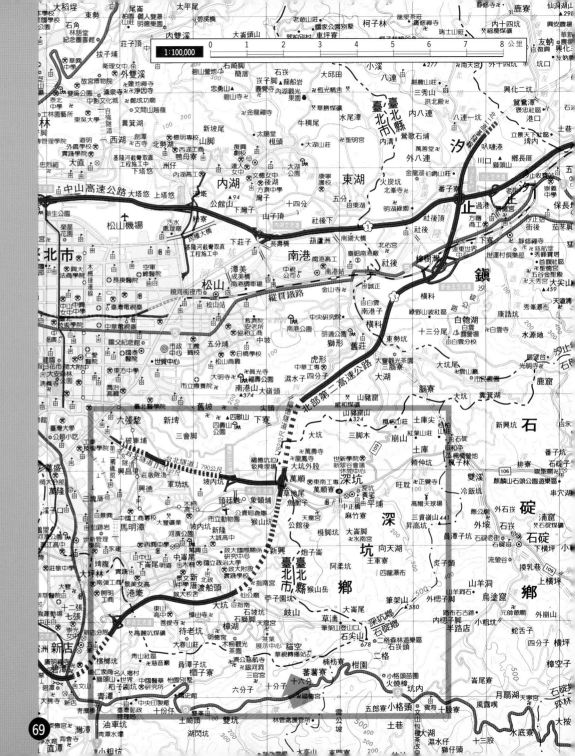

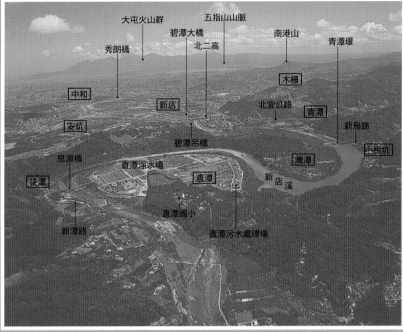

1996／09

地面導覽

　新店溪在進入直潭附近,便逐漸形成畫面上這兩道優美的曲流。隨後,繞過了灣潭和青潭堰,新店溪緩緩流向平地。在直潭大片的腹地上,放眼可見淨水廠和污水處理廠;繼續順著河道而下,經碧潭吊橋、北二高碧潭橋、碧潭大橋,便來到了新店鬧區。

　新店溪主要功能在於提供大台北地區的用水,是大台北區水資源最豐富的溪流,沿岸也造就了不少風景區,如碧潭水色如碧,自日治時期便是休閒娛樂的據點,尤其碧潭吊橋更是知名。

怎麼去?

◎由台北市前往:【1】捷運新店線　【2】環河快速道路　【3】北新路。
◎由汐止前往:北二高　◎由宜蘭前往:北宜公路。
◎由三峽前往:110縣道接台9號省道(北新路)。

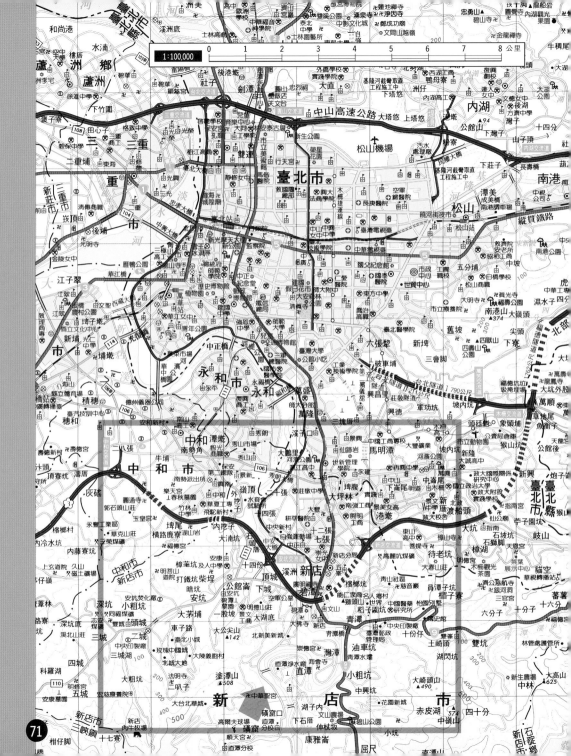

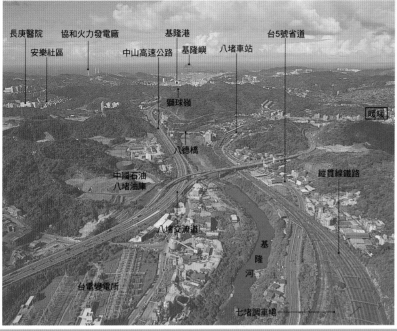

長庚醫院　協和火力發電廠　基隆港　台5號省道
安樂社區　　　中山高速公路　基隆嶼　八堵車站
　　　　　　　　　　　獅球嶺
　　　　　　　　八德橋
中國石油
八堵油庫
　　　　　　　八堵交流道
台電變電所
　　　　　　　　　　　　　基隆河
　　　　　縱貫線鐵路
　　　　七堵調車場

暖暖

1998／07

地面導覽

　　基隆河到了中游，河身便與高速公路、鐵路、省道交纏。雖然與基隆港僅僅一山之隔，但基隆河卻非直接出海，而是轉了個彎朝台北盆地流去。照片上的七堵、八堵一帶，自古便是台北盆地前往基隆、宜蘭的必經之地，如今更是各種陸運交通交會的地點。

　　基隆河中游過去也是平埔族活動的場域，沿岸五堵、六堵、七堵、八堵等地名，便是早期台北盆地墾民築土牆防禦原住民而來的，目前則是貨櫃倉儲的天下。過了暖暖，繼續往上游走，可拜訪許多曾經以金礦、煤礦聞名的鄉鎮，如瑞芳、平溪等。

怎麼去？

◎由台北市前往：【1】中山高速公路　【2】台5號省道　【3】縱貫鐵路。
◎由瑞芳前往：【1】台2號省道　【2】宜蘭線鐵路。
◎由基隆前往：【1】台5號省道　【2】縱貫鐵路。

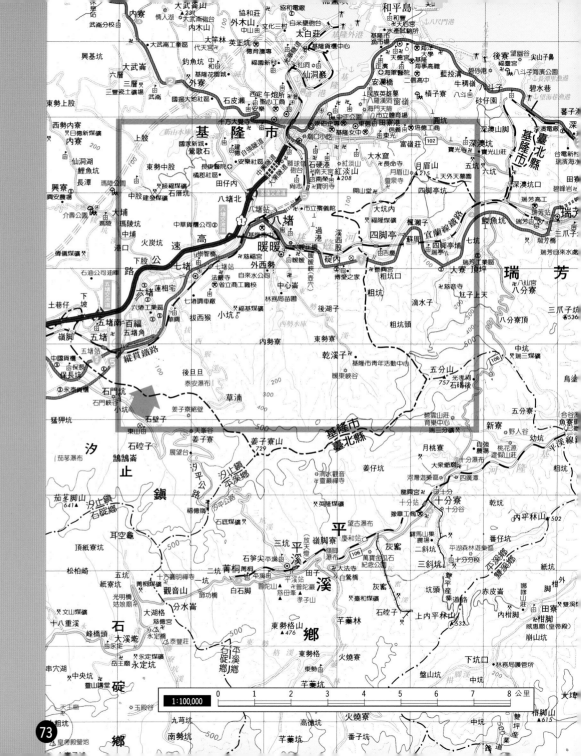

1:100,000　0　1　2　3　4　5　6　7　8 公里

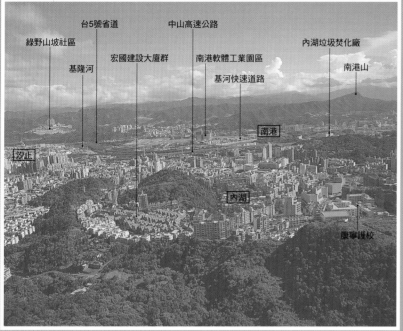

內湖垃圾焚化廠

台5號省道　　中山高速公路

綠野山坡社區　　宏國建設大廈群　　南港軟體工業園區　　南港山

基隆河　　基河快速道路

南港

汐止

內湖

康寧護校

1998／08

地面導覽

　　內湖南面瀕臨基隆河，汐止則橫跨基隆河南北岸。內湖儘管隸屬台北市，區內如「大湖」、「白鷺鷥山」等地，卻有著都會住居少有的「湖光山色」。汐止一度爲茶葉的產銷中心、北台灣茶葉輸出的重要河港，日治時期，這一帶的丘陵也是煤的重要產區。

　　由於鄰近都心，又擁有優良的住宅條件，近年來，內湖、汐止大受房地產業的青睞，開發甚至擴及山坡地，於是處處可見砍除山頭、挖去坡土，打造擋土牆，鑿山造地的景象，造成陡峭的丘陵山地遍佈著高樓大廈，更不乏動輒上千户的大型社區，呈現高負載的緊張形態。

怎麼去？

◎由台北市前往：【1】中山高速公路　【2】台５號省道　【3】縱貫鐵路。

◎由基隆前往：【1】中山高速公路　【2】北二高　【3】台５號省道
　　　　　　　【4】縱貫鐵路。

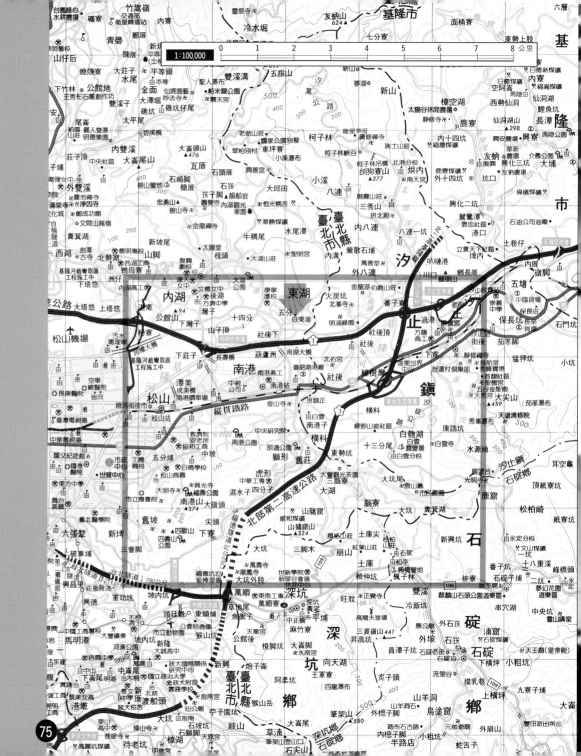

1:100,000

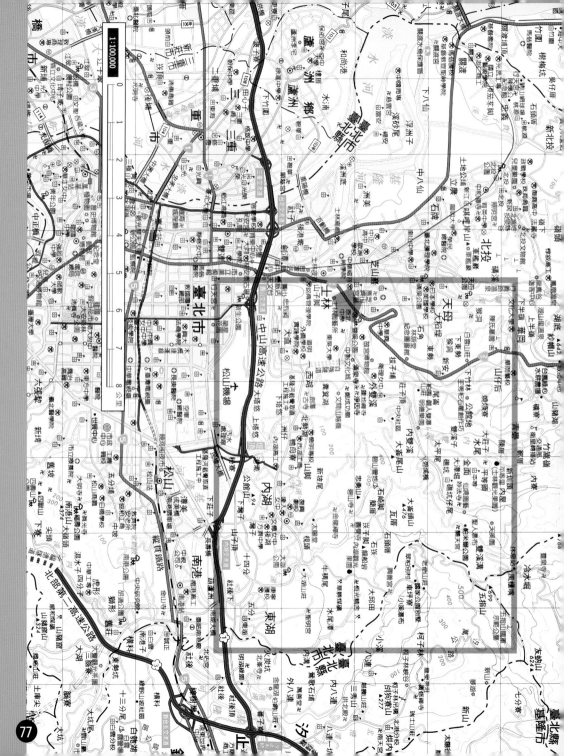

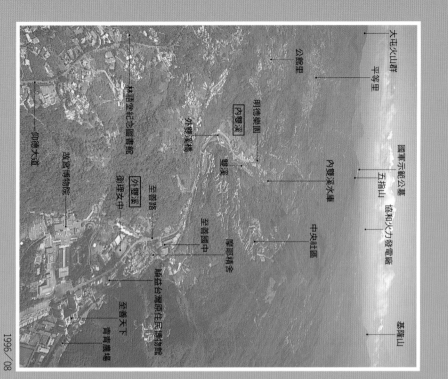

大屯火山群
平等里
五指山
協和火力發電廠
基隆山
國軍示範公墓
公館里
內雙溪
明德樂園
雙溪美橋
外雙溪
中央社區
林語堂紀念圖書館
故宮博物院
仰德大道
至善路
至善國中
摩耶精舍
至善天下
青青農場
順益台灣原住民博物館
五指山水庫
內雙溪

地面導覽

雙溪位於台北盆地東北方的丘陵區，為大屯火山群與五指山山脈的分界，境內又以外雙溪橋分出內外、上局內雙溪，下則屬於外雙溪，是台北市郊著名的休憩勝地之一。

雙溪由於沿途風光秀麗，景點密集，儼然已成風景線；同時類型也各具千秋，有「故宮博物院」、「摩耶精舍」、「順益台灣原住民博物館」的博物館群；以及「平等里」的「青青農場」、「明德樂園」等遊樂區；其至還有分布於四處的釣蝦場、魚池、餐廳等都會休閒場所，使得本區一到假日，總是人滿為患。

怎麼去？

主要道路：
◎至善路

觀音山

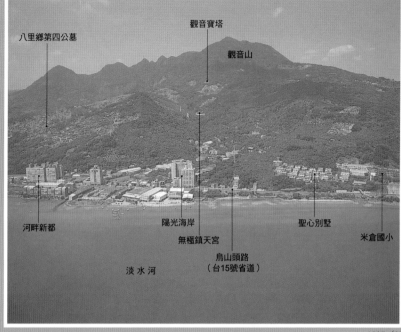

八里鄉第四公墓　　　　觀音寶塔
　　　　　　　　　　　　觀音山

河畔新都　　　陽光海岸　　　　　　　聖心別墅
　　　　　　無極鎮天宮　　　　　　　　　　米倉國小
　　　　淡水河　　　烏山頭路
　　　　　　　　　（台15號省道）

1997／07

地面導覽

　　觀音山是位於淡水河口的一座火山，由於狀似仰臥的觀音頭像而得名。畫面上是由對岸的淡水遠眺觀音山，只見高處山間遍佈著墓地，附近並建有靈骨塔，「風水寶地」的傳說可見一斑。除此之外，觀音山更是宗教聖地，山中的凌雲禪寺和西雲寺歷史悠久，尤其是西雲寺更被列為古蹟。

　　觀音山被視為台北的自然地標，也是著名的旅遊勝地，主峰硬漢嶺，有登山步道可以抵達山頂，盡覽台北盆地與淡水河口的風光。

怎麼去？

◎由台北市前往：【1】台 2 號省道接台15號省道　　【2】淡水渡船。
◎由林口前往：台15號省道。
◎由五股前往：103 號縣道。

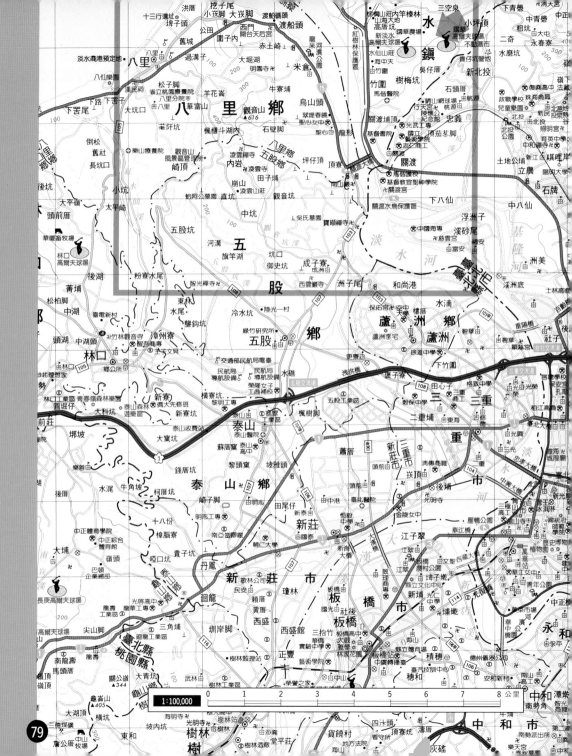

1：100,000　　0　1　2　3　4　5　6　7　8公里

關渡大橋
台北市區
觀音山
淡水河
台15號省道
海岸新都
大崁腳
挖子尾
八里污水處理廠
埤子頭
挖子尾自然保留區

1996／07

地面導覽

　　八里這一片海岸平原，是由淡水河沖積而成。前有淡水河，背後則是蒼翠的觀音山，風光旖旎。西濱公路從中穿過，順道向畫面左方而去，可至渡船頭，搭渡船到對岸的淡水，或者接關渡大橋前往關渡。淡水河口的挖子尾，由於正好位處河水與海水交界，擁有豐富的生態資源，被列為自然保留區。

　　除了自然生態之外，考古學家也在本地發現多處的史前遺跡，其中最為人所知的「十三行遺址」，就在現今的八里污水處理廠附近，目前已被指定為國家二級古蹟，將興建博物館長期展示出土古物。

怎麼去？

◎由台北市前往：【1】台2號省道接台15號省道　【2】淡水渡船。
◎由林口前往：台15號省道。
◎由五股前往：103號縣道。

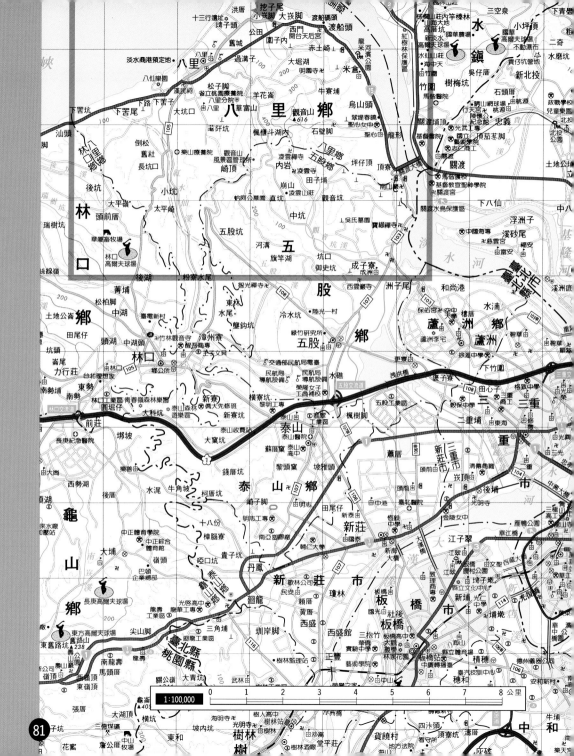

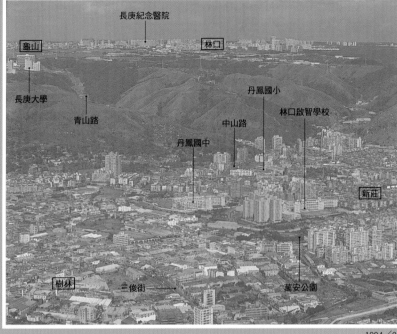

長庚紀念醫院

龜山　林口

長庚大學

青山路

丹鳳國小

丹鳳國中

中山路

林口啟智學校

新莊

樹林

三俊街

萬安公園

1994／04

地面導覽

林口台地位於台北盆地西側，由於兩者之間的「斷層」往下滑落，因而造成東邊陷落爲台北盆地，西邊則相對抬高形成林口台地。林口台地橫跨八里、林口、五股、泰山、龜山、蘆竹等鄉鎮，其中只有林口完全在台地上。

林口台地的「紅土層」，一度盛產茶葉與磚塊，林口則因位居交通要衝，成爲本區的最大聚落。隨著台北盆地開發的擴張，「林口新市鎮」在此開疆闢土，以期建立一個自給自足的城市，加上長庚醫療體系的進駐，提供就業機會，使得這塊紅土高地又充滿了新的潛力。

怎麼去？

◎由台北市前往：【1】中山高速公路　【2】106號縣道。
◎由八里前往：台15號省道　◎由桃園前往：台15號省道。
◎由龜山前往：105號縣道。

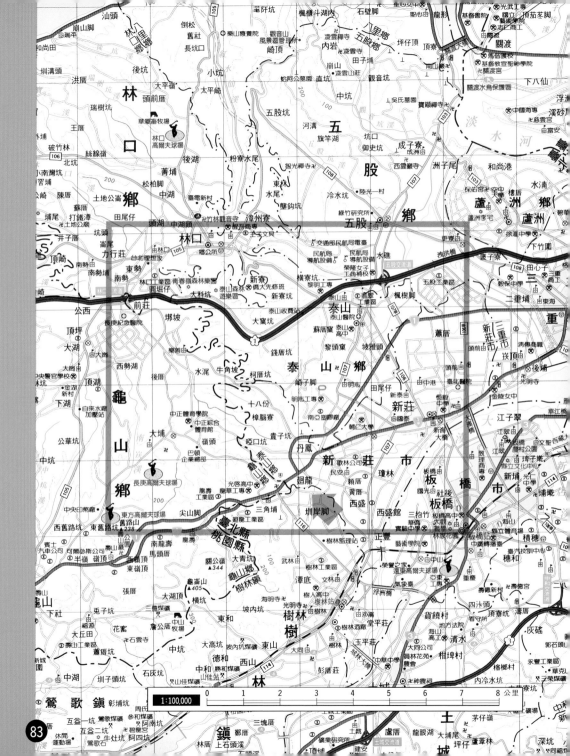

1:100,000

國家圖書館出版品預行編目資料

大台北古地圖 : 空中攝影‧衛星遙測 / 施鴻儔／陳報明
　　-- 初版 -- 台北市 : 遠流, 1999 [民
88]
　　面 ; 公分 -- (台灣歷史珍藏系列 ; 5)

ISBN 957-32-3840-3 (精裝). -- ISBN 957-32
-3841-1 (平裝)

1. 台灣 - 攝影測量遙感 2. 台北市 - 攝影測量
遙感 3. 台北市 - 攝影測量遙感 4. 台北市 - 攝
影測量遙感

673.26　　　　　　　　88014839

台灣歷史珍藏系列5
大台北古地圖
空中攝影‧衛星遙測

攝影＝陳報明
地圖＝戶外生活圖書股份有限公司
其他圖輯＝連惠英　美術設計＝唐克陽　美術編輯＝賴雅禮

總策劃＝莊展鵬　副總編輯＝黃靜惠
主編＝王明雪　主圖＝賴雅禮　執行編輯＝周詩薇　美術主編＝陳春惠
圖片協力＝陳惠明、俞志剛、林雅慧

發行人＝王榮文
出版發行＝遠流出版事業股份有限公司　台北市汀州路三段一八四號七樓之五
郵撥：0189456-1 電話：(02) 2365-3707　傳真：(02) 2365-7979
著作權顧問＝蕭雄淋律師　法律顧問＝王秀哲律師、董安丹律師
輸出印刷＝中原造像股份有限公司

□1999年11月15日　初版一刷　行政院新聞局局版臺業字第1295號
精裝售價350元（如有缺頁破損的書，請寄回更換）
本書如有缺頁破損，請逕向遠流出版公司換書
本書若有著作權爭議，概由作者陳報明負責
本書內著作權歸戶外生活圖書股份有限公司
著作權所有‧翻印必究　Printed in Taiwan

ISBN 957-32-3840-3

遠流博識網 http : //www.ylib.com.tw/
E-mail : ylib@yuanliou.ylib.com.tw

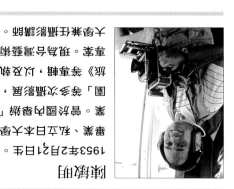

陳報明

1953年2月21日生。國立台灣藝術學院美術科
畢業、私立日本大學藝術學院藝術研究所碩士
畢業。曾於國內舉辦「海岸之旅」、「鄉愁系
列」等多次攝影個展，並擔任攝影創作《海岸之
旅》等專輯，以及執行各系列攝影、機構的攝影
專業。現為名攝影藝術指導，淡江大學、文化
大學兼任攝影講師。